Der schönste
Aufenthalt der Welt
Dichter im Hotel

RAINER MORITZ

Der schönste Aufenthalt der Welt
Dichter im Hotel

FOTOGRAFIEN VON
ANDREAS LICHT

KNESEBECK

INHALT

6   Vorwort

8   Brenners Park-Hotel & Spa, Baden-Baden
    EIN ÜBERAUS FREUNDLICHES HAUS

20 Château Le Cagnard, Cagnes-sur-Mer
    IN DER FERNE DAS MEER

32 The Dolder Grand, Zürich
    WIE EINE GESETZTE TANTE

44 Hotel Elephant, Weimar
    IM VORZIMMER DER WALHALLA

56 Schloss Elmau, Krün
    IN GIPFELNÄHE

68 Steigenberger Frankfurter Hof, Frankfurt am Main
    EIN OFFENER BALKON DER BEL-ÉTAGE

82 Hotel Gabrielli, Venedig
    EIN ABSCHIEDSBRIEF

96 Gasthof Bad Dreikirchen, Barbian
REIZVOLLE LAGE, GUTE PENSION

108 Le Grand Hôtel Cabourg, Cabourg
EINER THEATERBÜHNE GLEICH

120 L'Hôtel, Paris
DAS DUELL MIT DER TAPETE

134 Hotel Sacher, Wien
AM ANFANG WAR DIE TORTE

148 Hotel Victoria, Triest
KÜNDIGUNG EINES MIETERS

160 Fairmont Hotel Vier Jahreszeiten, Hamburg
DER KLASSIKER

172 Hotel Villa Post, Vulpera
IM FEUER VERSUNKEN

184 Hotel Waldhaus, Sils-Maria
DER SCHÖNSTE AUFENTHALT DER WELT

198 Waldhotel, Davos
DEM FLACHLAND ENTZOGEN

210 Hotel Wedina, Hamburg
ZUM MITNEHMEN FALTBAR

222 Literatur

224 Impressum

VORWORT

»Da stand er nun in der Halle des Grand Hôtel, der Buchhalter Otto Kringelein ...« – so beginnt eine der Szenen im wohl berühmtesten Hotel-Roman, in Vicky Baums *Menschen im Hotel* (1929). Der Sachse Kringelein hat Mühe, sich zwischen Marmorsäulen, Springbrunnen, Spargelduft und dicken Teppichen zurechtzufinden, und wundert sich, als Tabletts mit Cognakschwenkern an ihm vorbeischweben, warum »im besten Hotel Berlins die Gläser nicht vollgefüllt« werden. Vicky Baum nutzt das Terrain eines Nobelhotels, um ein Arsenal von Figuren aus unterschiedlichsten Gesellschaftsschichten aufmarschieren zu lassen und das Porträt einer aufgewühlten Zeit zu skizzieren.

Das Hotel war vor allem im frühen 20. Jahrhundert ein beliebter literarischer Schauplatz – zum einen, weil Autoren selbst als Reisende mit fremden Unterkünften aller Art in Berührung kommen, ja manchmal wie Joseph Roth oder Klaus Mann beträchtliche Lebenszeit dort verbringen, zum anderen, weil das Hotel ein Brennpunkt dessen ist, was das moderne Lebensgefühl ausmacht(e). Wer Tage im Hotel verbringt, lässt sich auf das Ungewisse ein, gibt sein vertrautes Ambiente auf, kommt notgedrungen mit Zeitgenossen in Kontakt, die nichts mit der Alltagswelt zu tun haben, und verbringt Zeit in einem Provisorium, außerhalb der Zeit gewissermaßen.

Wie auf Bahnhöfen und Flughäfen lassen sich in den Fluren oder an den Bars eines Hotels Beobachtungen machen, werden die flüchtigen Begegnungen mit Menschen unterschiedlichster Couleur zum Anlass, sich (Lebens-)Geschichten auszudenken, aus denen Romane und Erzählungen entstehen können – wie es der mit Grandhotels bestens vertraute Thomas Mann in *Tod in Venedig* oder *Felix Krull* durchexerziert hat.

»Ein Hotelzimmer zu nehmen, ist für normale Menschen eine Kleinigkeit, ein alltäglicher in keiner Weise affektbetonter Akt, mit dem man in zwei Minuten fertig ist. Für unsereinen aber, für uns Neurotiker, Schlaflose und Psychopathen wird dieser banale Akt, mit Erinnerungen, Affekten und Phobien phantastisch überladen, zum Martyrium« – nicht alle Schriftsteller mögen sich diese empfindsame Haltung, wie sie

Hermann Hesse in *Kurgast. Aufzeichnungen von einer Badener Kur* beschrieben hat, zu eigen machen, doch die Ausnahmesituation eines Hotelaufenthalts schärft die Sinne und führt zu Erfahrungen, die der häusliche Schreibtisch oft so sparsam preisgibt.

Der schönste Aufenthalt der Welt. Dichter im Hotel reist mit bekannten und weniger bekannten Schriftstellern in siebzehn Hotels, in Deutschland, Österreich, Frankreich, Italien und der Schweiz. Es erzählt davon, wie Marcel Proust seine Sommerferien in Cabourg verbrachte, wie sich die Gruppe 47 auf Schloss Elmau traf, Oscar Wilde armselig in Paris starb, welche Briefe Franz Kafka in Venedig schrieb, wie oft Adorno in Sils-Maria übernachtete, wann Simone de Beauvoir und Georges Simenon in Cagnes-sur-Mer waren, wen Christian Morgenstern in Bad Dreikirchen kennenlernte und warum sich die Literaturwelt alljährlich zur Buchmesse im Frankfurter Hof trifft. Nicht immer sind es die exquisiten Grandhotels, in denen Autorinnen und Autoren absteigen, zumal sich die wenigsten diesen Luxus leisten können und nicht alle auf freundliche Einladungen hoffen dürfen. Und beileibe nicht atmen die exquisiten Grandhotels allenthalben einen Geist, der der Literatur zuträglich ist. Wo die Kunst nur Dekorum und Animationsprogramm für solvente Gäste ist, da hat die Literatur meist nichts zu suchen – und sucht auch nichts.

Natürlich versammelt dieser Band nur eine Auswahl jener Hotels, die sich literarisches Renommee erworben haben. Gewiss, doch wer auf den von Andreas Licht und mir nachgezeichneten Spuren von Louis-Ferdinand Céline, Peter Ustinov, Ingeborg Bachmann oder Friedrich Dürrenmatt erst einmal unsere siebzehn Hotels aufgesucht hat, der darf seine Reise fortsetzen, ins Ritz nach Paris, ins Montreux Palace oder ins Adlon nach Berlin zum Beispiel. Bei dessen Wiedereröffnung 1997 hielt Walter Jens die Festrede und resümierte, warum das Leben in Hotels bis heute ein so fruchtbares Feld für die Literatur ist. Das Hotel, so Jens, ist ein »Idealort des Kommunizierens, Einander-Schöntuns, Einander-Zurechtweisens, Einander-Nachstellens, Einander-Belauerns« – wo anders denn ließen sich derart viele Erfahrungen derart komprimiert machen?

Rainer Moritz

»Ich wiederhole immer:
Dies Ober-Engadin ist der schönste
Aufenthalt der Welt.«

THOMAS MANN AN OTTO BASLER,
30. JULI 1950

BRENNERS PARK-HOTEL & SPA, BADEN-BADEN

EIN ÜBERAUS FREUNDLICHES HAUS

Im 19. Jahrhundert gaben sich auf der Lichtentaler Allee die Reichen und Schönen ein Stelldichein und verhalfen dem mondänen Kurort Baden-Baden zum Ehrentitel »Sommerhauptstadt Europas«.

Ja, es ist so, als gehörte man plötzlich zum Inventar eines dieser französischen Filme, in denen vornehm gekleidete Damen ihre Hüte zurechtrücken, gelangweilt einen Cocktail schlürfen, um dann im Handumdrehen in ein furios ausgetragenes Ehedrama verwickelt zu werden. Kieswege führen zu einer Terrasse; Wölkchen besprenkeln den frühsommerlich blauen Himmel wie Sommersprossen. Das Klirren von Gläsern untermalt die halblauten Gespräche beim Diner im Freien. Pianoklänge mischen sich dazu, und Kellner, die unmöglich ihrem Dienst jemals anderswo nachgegangen sein können, umschwirren die Gäste mit souveräner Unaufdringlichkeit.

Ja, wir sind in einem der führenden Hotels in Europa, im Brenners Park-Hotel, das seine Tradition und seine fünf Sterne nicht zur Schau zu stellen braucht. »Wherever you go – Brenner's is the best!« – ob Frank Sinatra, der 1975 diese unter Marketinggesichtspunkten sehr nützliche Notiz hinterließ, recht hat, muss hier nicht entschieden werden. Doch es steht außer Frage, dass der Luxus bietende und auf Pomp verzichtende Ort kaum Vergleiche zu scheuen hat.

> »Es war meine Absicht, den herrlichen Baden-Badener Herbst in Ihrem so überaus freundlichen Haus zu genießen.«
> GERHART HAUPTMANN

Seine Attraktivität verdankt er verschiedenen Faktoren: Sein Ensemble setzt sich aus mehreren miteinander verbundenen Villen zusammen – eine geglückte Parzellierung, die jeder Monstrosität entgeht. Dazu zählt inzwischen das im Januar 2015 in der Villa Stéphanie eröffnete Spa, das auf 5000 Quadratmetern seiner erholungsbedürftigen Klientel die Möglichkeit gibt, sich in die Bereiche Beauty, Detox & Ernährung, Emotional Balance und Medical Care einzuarbeiten. Wer nicht genau weiß, was darunter zu verstehen ist, darf im Brenners weiterhin auch auf herkömmliche Methoden der Regeneration setzen, beispielsweise durch den Privatpark des Hotels schlendern, das Flüsschen Oos überqueren und auf der über zwei Kilometer langen Lichtentaler Allee ausschreiten, die die bekannteste Promenade der Stadt geblieben ist.

Im 19. Jahrhundert gaben sich auf der Lichtentaler Allee die Reichen und Schönen ein Stelldichein, wenn sie Erholung von ihren Abenteuern in der Spielbank oder auf der Iffezheimer Rennbahn suchten, und verhalfen dem mondänen Kurort Baden-Baden (das seinen Doppelnamen offiziell erst seit 1931 trägt) zum Ehrentitel »Sommerhauptstadt Europas«. Zu den – von ihrer Spielsucht gebeutelten – Gästen gehörte das Ehepaar Dostojewski, das im Sommer 1867 knapp zwei Monate in der Stadt blieb, fast alles Hab und Gut zum Pfandleiher brachte und dem Ruin entgegentaumelte, wie die verzweifelte Gemahlin im Tagebuch festhielt: »Heute standen wir voll Sorge auf, wie wir nun wieder zu Geld kommen könnten. Wir essen schon den vierten Tag, ohne zu bezahlen, und müssen heute unbedingt zahlen, sonst geben sie

In Erwartung des Abends:
Darf es ein Cocktail zum
Apéritif sein?

uns wohl kein Essen mehr. Dann müssen wir eben mein lila Kleid verpfänden, das einzige was uns zum Verpfänden geblieben ist, mehr haben wir nicht, die Ressourcen sind erschöpft.« Landsmann Iwan Turgenjew übrigens residierte zur gleichen Zeit sorgenfrei in einer prachtvollen Villa an der Fremersbergstraße.

In dieser Hochzeit der Kurstadt liegen die Anfänge des Brenners Park-Hotel. 1872 kaufte der aus Pforzheim stammende Hofschneider und Kleiderfabrikant Anton Alois Brenner das am Eingang der Lichtentaler Allee gelegene Stéphanie-les-Bains, auch Stefanienbad genannt. Zehn Jahre später übernahm sein Sohn Camille das Hotel und entwickelte es zu einem Haus der Spitzenklasse. An- und Umbauten erfolgten in rascher Folge; man kaufte Villen hinzu, legte einen Golfplatz an und setzte früh auf den Schwarzwald liebende amerikanische Reisende, die bis heute den größten Anteil der ausländischen Gäste ausmachen. Deren Liebe zum Automobil – auch Henry Ford quartierte sich im Brenners ein – trug Camille Brenner Rechnung, indem er eine eigene Hotelgarage zur Verfügung stellte.

Vor allem Mitte der 1920er-Jahre boomte das Hotel, als man über knapp 400 Betten verfügte und Tanzveranstaltungen mit legendärem Ruf durchführte. Wilhelm Furtwängler oder Carl Zuckmayer zählten in diesen Jahren zu den Künstlern, die im Brenners Domizil nahmen – Nobelpreisträger Gerhart Hauptmann und seine Frau Margarete waren Stammgäste. »Wie immer verwöhnt« fühlte sich Hauptmann im Brenners und kam in den 1930er-Jahren nahezu jeden Sommer nach Baden-Baden, um mehrere Wochen lang ein Appartement im obersten Stockwerk des Hotels zu bewohnen. Sein Ausbleiben im Herbst 1938 entschuldigte er in einem Brief vom 20. Oktober des Jahres: »Es war meine Absicht, den herrlichen Baden-Badener Herbst in Ihrem so überaus freundlichen Haus zu genießen. Ihr Telegramm verstärkte den Wunsch. Aber der Plan zerging für dieses Jahr. Unaufschiebbare Dinge drängten sich dazwischen. Nehmen Sie unseren Dank und unsere Grüße, dazu alle Wünsche für Familie Brenner und Ihr Haus.« Eine 1942 von Arno Breker geschaffene Büste Hauptmanns findet sich heute im Hotelpark.

Acht Jahre nach Camille Brenners Tod gründete die Familie 1914 die Brenners Hotel AG. Anteile hatte bereits damals der Industrielle Rudolf August Oetker, der 1941 die Aktienmehrheit übernahm. Die Brenner'sche Traditionslinie endete jedoch erst 1969, als mit Alfred Brenner das letzte Familienmitglied aus der Geschäftsführung ausschied. Heute gehört das Hotel zur Oetker Hotel Management Company und läuft unter der Marke Oetker Collection. Patriarch Rudolf August Oetker nahm stets regen Anteil an der Entwicklung des Hauses. Seine Tochter Bergit Gräfin Douglas, eine ausgewiesene Innenarchitektin, sorgt bis heute für ein einheitliches Gesamtbild, das Stilbrüche meidet. Gemälde aus der Kunstsammlung Oetker prägen das Interieur.

Grandhotellerie ist in besonderem Maße konjunkturabhängig, und so ist die Geschichte des Brenners unweigerlich von Auf- und Abschwüngen geprägt. Auf die »roaring twenties« folgte der Einbruch der Weltwirtschaftskrise 1929, und als die Geschäfte wieder zu florieren begannen und die Brenners allein 1937 stolze 40.000 Übernachtungen verbuchten, erfuhr der Hotelbetrieb durch den Zweiten Weltkrieg gravierende Einschränkungen. Dessen letzte Phase und die frühe Nachkriegszeit bereicherten eher ungewollt die literarische Geschichte des Hotels, wenngleich die offiziellen Annalen das mit keinem Wort würdigen. Einer der größten französischen Schriftsteller des 20. Jahrhunderts – Louis-Ferdinand Céline, Autor der *Reise bis ans Ende der Nacht*, Arzt, Judenhasser und Nazikollaborateur – musste Paris angesichts der nahenden Befreiung der Stadt Mitte 1944 verlassen und kam in Baden-Baden, in Brenners Park-Hotel, unter. Was sich dort genau abgespielt hat, bleibt im Reich des Spekulativen und Fantastischen. Céline selbst beginnt seinen 1964 erschienenen autobiografischen Roman *Norden* mit Reminiszenzen an Baden-Baden und das Brenners, dem er den Namen »Simplon« gibt. In seinem typischen Stakkato-Stil, der Übersetzern alles abverlangt, kontrastieren das »vornehme Plätschern« der Oos und die »silberbelaubten Trauerweiden« mit dem vom Krieg offenbar ungetrübten Luxusleben im Hotel, das »nur Gäste aus äußerst guten Familien, ehemalige regierende Fürsten oder Ruhrmagnaten« aufgenommen und diese »gut und sehr pünktlich« mit »Butter, Eiern, Kaviar, Marmelade, Lachs, Cognac, Sekt« versorgt habe. Vor allem einem Gesandten namens Schulze, der zehn Jahre Konsul in Marseille gewesen sei, galt die »Hauptsorge des Simplon-Hotels«, da diesem die Baden-Badener Bouillabaisse als »Spülwasser« und »Suppe für die Heilsarmee« erschienen sei. Erst durch per Flugzeug herbeigeschafftes Meeresgetier und Gewürz sei die Qualität der Bouillabaisse allmählich auf südfranzösisches Niveau gesteigert worden, denn »man sollte später ja nicht behaupten, man hätte sich im Simplon-Hotel, ob in Krieg oder Frieden, jemals gehen lassen«.

Célines fabelhafte Erinnerungen sollte man weder auf die Gold- noch auf die Küchenwaage legen. Ein paar Jahre später erinnerte sich die skandalumwitterte, ob ihrer erotischen Freizügigkeit berühmt gewordene Journalistin Maud de Belleroche in ihren *Geständnissen* (im Original: *L'Ordinatrice*) an Célines Aufenthalt. »Langeweile und Verfall« registrierte sie überall in Baden-Baden, und Céline, »der seine Katze in einem Korb herumtrug«, begegnete sie auf der Promenade, »enttäuscht von seiner grämlichen und verbitterten Miene«. Was ihr kulinarisch im Gedächtnis geblieben ist, deckt sich nicht recht mit den Ausschweifungen, die Céline meint in diesem Sommer 1944 erlebt zu haben: »Jedenfalls werde ich mich immer an Brenners Park-Hotel und an seine Festivitäten erinnern, an die durchsichtigen Sülzen in Sacharinfarben und an das schlechteste und raffiniertest servierte Essen meines ganzen Lebens: unglaubliche und mikroskopische Cotelettes Pojarsky, die hauptsächlich aus großen Mengen weißer Rüben und anderem Viehfutter bestanden.«

Céline und Mme de Belleroche hatten Baden-Baden bereits verlassen, als ein deutscher Emigrant, Alfred Döblin, im November 1945

> »Wherever you go –
> Brenner's is the best!«
> FRANK SINATRA

in die Kurstadt kam. In der Nachkriegszeit waren die großen Hotels von den Franzosen beschlagnahmt worden, sodass Döblin nun seinen Dienst dort verrichtete, wo sich ein Jahrzehnt zuvor noch die Haute-Volée getummelt hatte. Im Auftrag der französischen Regierung hatte er, wie er in seinen Erinnerungen *Schicksalsreise* schreibt, eine »begrenzte Aufgabe« zu erledigen: »Werke der Belletristik, Lyrik, Epik und Dramatik zu lesen und meine Ansicht über ihren ästhetischen Wert, auch ihre Haltung, in größerer oder geringerer Ausführlichkeit, am besten kurz niederzulegen«. Drei Jahre lang wirkte er so als Literaturinspekteur, gründete eine Zeitschrift, verkehrte mit seinen Kollegen Otto Flake und Reinhold Schneider und schloss seinen Roman *Hamlet oder Die lange Nacht nimmt ein Ende* ab, der erst 1956 (in der DDR) erscheinen konnte.

Es dauerte ein paar Jahre, bis das Brenners wieder an seine große Tradition anzuknüpfen vermochte. Als der Kurbetrieb in Baden-Baden im Frühjahr 1950 wieder aufgenommen wurde und das Hotel seine Pforten öffnen durfte, gelang es Rudolf August Oetker und den Brüdern Kurt und Alfred Brenner, bald zu einer zufriedenstellenden Auslastung zu kommen und Gäste aus dem Ausland zurückzugewinnen. Seit jeher fanden gekrönte Häupter aus aller Herren Länder Gefallen an der besonderen Atmosphäre des Hotels. Ein Blick auf die Gästeliste vermittelt den Eindruck, ein Who's who des Adels, der Politik und der Künste vor sich zu haben: Weilten schon im 19. Jahrhundert der spätere englische König Edward VII. oder Rama V., König von Siam, im Brenners, folgten später König Gustaf von Schweden, der Herzog und die Herzogin von Windsor und Politiker wie Konrad Adenauer, Charles de Gaulle, Walter Scheel, Helmut Kohl und Boris Jelzin. Für weniger staatstragenden Glanz sorgten Sportgrößen wie der Rennfahrer Rudolf Caracciola oder der Tennisbaron Gottfried von Cramm, Schauspieler wie Peter Sellers oder Curd Jürgens und Literaten wie Klaus Mann, Pamela Wedekind, Françoise Sagan oder Marcel Reich-Ranicki. Der Journalist und Publizist Hans Habe arbeitete an vielen seiner Bücher

im Hotel, bevorzugt im Alkovenzimmer der vierten Etage, von wo aus er direkt in die Baumkronen blickte. Besonderen Stellenwert im Hotel genießt die Musik. Konzerte unterschiedlichster Richtungen präg(t)en das reichhaltige Kulturprogramm. Franz Lehár, Dietrich Fischer-Dieskau, Jessye Norman, Juliette Gréco oder Udo Jürgens kamen an die Oos, und das 1998 eröffnete Festspielhaus Baden-Baden mit seinen 2500 Plätzen sorgt dafür, dass das Brenners ein Ort des musikalischen Austausches ist.

Ungeachtet der vielen Modernisierungen, die im Brenners während der vergangenen Jahrzehnte vorgenommen wurden, hat sich das Haus seinen unaufdringlichen Stil bewahrt – eine Kontinuität, die sich auch in der Geschäftsführung zeigt. Seit 2000 steht Frank Marrenbach dem Brenners vor; sein Vorgänger Richard Schmitz brachte es gar auf 32 Direktorenjahre und veröffentlichte 2007 seine sympathischen Erinnerungen *Für den Glanz in den Augen. Mein Leben unter fünf Sternen*. Schmitz lässt darin nicht nur eindrückliche und kuriose Erlebnisse Revue passieren, sondern schildert zudem, wie sich die Klientel eines Luxushotels verändert. Wer es heute zu Ruhm und Reichtum gebracht hat, verzichtet in seinen Ferien gern auf Smoking und Abendkleid. Die im Restaurant vorherrschende Krawattenpflicht sorgte, wie sich Richard

Ein Hotel als Museum: Gemälde aus der Kunstsammlung Oetker prägen das Interieur.

Schmitz erinnert, immer wieder für Verstimmung bei jenen Gästen, die sich leger geben wollten. Um der Vorschrift humoristisch Nachdruck zu verleihen, bat Schmitz den Zeichner und Komiker Loriot um Unterstützung. Dessen Zeichnung zweier mit dem Zusatz »falsch« und »richtig« versehener Knollennasenfiguren mit und ohne Schlips sollte für Abhilfe sorgen und Direktor Schmitz nervenaufreibende Diskussionen mit Krawattenmuffeln ersparen. Genützt hat das auf Dauer nicht. Bärbel I. Göhner, seit vielen Jahren PR-Verantwortliche des Hotels, spricht so mit charmant resignativem Ton davon, dass die zunehmend lässige Kleidung der Gäste vor allem im Sommer eine visuelle Herausforderung darstelle.

Beobachtungen dieser Art lassen sich im Brenners überall machen, zum Beispiel in der einladenden Kaminhalle. Binnen weniger Minuten wird man eingefangen von einer unverkrampften, stimmungsvollen Eleganz. Auch das, denke ich, ein passendes Ambiente für einen dieser französischen Filme … für Claude Millers *Das Auge* zum Beispiel, dessen Hauptdarsteller, darunter Michel Serrault und Isabelle Adjani, halb Europa bereisen und auch in Brenners Park-Hotel Station machen – wo sonst, möchte man sagen …

Brenners Park-Hotel & Spa, Schillerstraße 4/6, 76530 Baden-Baden
www.brenners.com

CHÂTEAU LE CAGNARD, CAGNES-SUR-MER

IN DER FERNE DAS MEER

Wer in den Siebziger- oder Achtzigerjahren mit seinem durch Ferienjobs sauer verdienten Geld in einen Citroën 2CV, die legendäre Ente, stieg und in Richtung Südfrankreich aufbrach, um – mit einer Schachtel Gauloises und einfachem Landwein bestückt – die Mittelmeerstrände unsicher zu machen, dem fällt es nicht leicht, nach vielen Jahren an die Stätten jugendlichen Aufbruchs zurückzukehren. Sich im Sommer an der Côte d'Azur aufzuhalten, womöglich dort den Urlaub zu verbringen, ist kein ungetrübtes Vergnügen. Waren Antibes oder Cannes schon immer derart zubetonierte Vergnügungsmeilen für (Möchtegern-)Reiche? Natürlich lässt sich dem anstrengenden Treiben entkommen, ins Hinterland der Provence, gewiss, doch Mittelmeerstrände findet man dort nun einmal eher selten …

Wer hingegen auf Sand und Wasser keinen Wert legt, empfindet es als Wohltat, an einen Ort zu gelangen, der wie eine Enklave zwischen den Touristensilos der stark frequentierten Städte wirkt. Nach Cagnes-sur-Mer zum Beispiel, nicht einmal zehn Kilometer vom Flughafen Nizza entfernt. Gewiss, auch dieses Städtchen hat einen Ortsteil – Cros-de-Cagnes – mit kleinem Hafen und langer Strandpromenade. Und ein modernes Zentrum, das man, ohne mit der Wimper zu zucken, ignorieren darf, um endlich ins mittelalterliche Haut-de-Cagnes zu kommen.

Vorher freilich sollte man einen Abstecher ins Musée Renoir machen, das sich im alten Wohnhaus des Meisters befindet. 1908 kam Auguste Renoir mit seiner Frau Aline und den drei Kindern nach Cagnes-sur-Mer und baute sich in der Domaine des Collettes ein großzügiges Haus mit einem Atelier, das auf einen Garten hinausging. Renoir, dem viele Einheimische, die Cagnois, Modell standen, führte ein offenes Haus und hieß zahlreiche Kollegen wie Auguste Rodin, Pierre Bonnard

oder Henri Matisse willkommen – in einer Zeit, die Jacques Prévert in seinem Gedicht *Cagnes-sur-Mer* heraufbeschwört und die in den Augen des Dichters belebt war von den Mädchen Renoirs in den abendlichen Weinbergen, wo man das Leben, die Liebe und den Wein der Hoffnung besang. Auch nach Renoirs Tod im Jahr 1919 bewahrte sich Cagnes-sur-Mer seinen Ruf als Treffpunkt für Künstler und Literaten, die sich für das Licht der Provence, die Nähe zum Meer und nicht zuletzt für die Abgeschiedenheit des Bergfleckens Haut-de-Cagnes begeisterten.

Überragt vom um 1300 erbauten Schloss Grimaldi, das heute ein Kunstmuseum beherbergt, winden sich die Gässchen und Torbögen um den Hügel und wirken auf den Besucher anfangs wie ein schwer zu durchdringendes Labyrinth. Wer in diese Höhe gelangen will, muss sich auf eine kurze, aber intensive körperliche Anstrengung einstellen. Denn die Montée de la Bougarde weist eine Steigung von bis zu achtzehn Prozent auf. Alternativ dazu kann man auch den kostenlosen Kleinbus der Stadt benutzen, der auf einem Rundkurs durch Cagnes-sur-Mer führt. Ängstliche Fahrgäste tun, wenn der Busfahrer halsbrecherisch durch die Sträßchen braust, gut daran, die Augen zu schließen, um nicht zu erleben, wie das Gefährt die Häuserfronten und Treppenaufgänge zu touchieren scheint.

Inmitten der windschiefen Gassen und Winkel versteckt sich das Hotel Château Le Cagnard in der Rue Sous Barri mit Zimmern und Suiten auf beiden Seiten der kleinen Straße. Als Ortsunkundiger übersieht man das von Blumenpracht umrankte Namensschild des 4-Sterne-Hotels leicht – ein Hinweis darauf, was den Charme dieses Ortes ausmacht: Das Cagnard setzt auf Verschwiegenheit und diskrete Zurückhaltung. Wer hier Quartier nimmt, will nicht gesehen werden oder sich selbst zur Schau stellen. Wer hier logiert, genießt im Stillen. Ganz dem Namen des Etablissements entsprechend: »Cagnard« bezeichnet im Okzitanischen einen sonnenbeschienenen, windgeschützten Winkel.

Die Geschichte des steinernen, im 13. Jahrhundert erbauten Le Cagnard ist eng mit der des Grimaldi-Schlosses verbunden. Seit 1928 wurde es als Hotel geführt und 1961 von Loulou und Michou Barel übernommen, die das Le Cagnard zu einer Institution machten. Binnen weniger Jahre gelang es den beiden, dem Hotel neuen Glanz zu verleihen, sodass es 1968 Mitglied der »Relais & Châteaux«-Vereinigung wurde und sich alsbald mit einem Restaurant schmücken durfte, das einen Michelin-Stern erhielt. Den Barels ist es zu verdanken, dass der Speisesaal seine bis heute faszinierende Attraktion erhielt. Da die schmale Terrasse nur Platz für wenige Tische bietet, kam man Mitte der 1980er-Jahre auf die famose Idee eines »plafond escamotable«, einer Deckenkonstruktion, die sich im Sommer zurückschieben lässt. So öffnet sich für die Gäste mit einem Mal der verführerisch blaue Himmel der Côte d'Azur; man wähnt sich im Freien, und die Spezialität des Restaurants – Taube Cagnard Classique mit Pommes Grenaille und Raukensalat – scheint ungeahnte Geschmacksnoten anzunehmen. Auch im geschlossenen Zustand ist die Decke sehenswert: Ihre 200 Tafeln wurden von dem Architekten Philippe Roberti handbemalt.

Zweiter Anziehungspunkt ist der »salle des gardes« des Hotels, wo sich einst die mit der Bewachung von Dorf und Schloss beauftragten Ritter aufhielten. Schon die erste Besitzerin des Hotels gab dem historisch bedeutsamen Raum eine ganz eigene Note und beauftragte den Maler Émile Wéry, einen Freund von Henri Matisse, damit, den Saal auszugestalten: Das sorgsam restaurierte Fresko mit Elefantenmotiven gibt dem alten Wachraum eine fantastisch-exotische Note.

»Nachts drang das Rauschen der Wellen in mein Zimmer herein.«
SIMONE DE BEAUVOIR

2009 kamen die Barels nicht umhin, ihr Lebenswerk aufzugeben, voller Sorge, ob damit dessen Geschichte an ein Ende gekommen sein könnte. Das Glück war jedoch mit ihnen und den Stammgästen. Die schwedische Familie Ivarsson, die ihre Ferien seit längerem in Haut-de-Cagnes verbracht hatte, beschloss kurzerhand, die Immobilie zu kaufen und das Hotel zu neuem Leben zu erwecken. Ein knappes Jahr lang renovierte man das Le Cagnard von Grund auf, ehe es 2011 glanzvoll wiedereröffnet wurde. Geleitet von der jungen Frida Ivarsson, die alsbald mehrere Auszeichnungen für ihr unternehmerisches Engagement erhielt, gewann das behutsam modernisierte Hotel rasch seine Reputation zurück.

28 Zimmer umfasst das von zwei Gassen zugängliche Le Cagnard heute, samt und sonders nach Künstlern benannt, die mit dem Dorf in Verbindung standen. Ihre unaufdringliche Einrichtung ist dem provenzalischen Stil verpflichtet; Antiquitäten und zeitgenössische Kunst sind dabei überzeugend miteinander kombiniert. Die 85 Quadratmeter große Picasso-Suite ist das Prunkstück. Ihre Terrasse führt in ein verwunschenes Gärtchen, wo ein Orangenbaum Schatten spendet. Ein anderes Zimmer ist nach Félix Vallotton benannt, der das Dorf im Winter 1920/21 kennenlernte und es in mehreren Gemälden verewigte. Der Ausblick vom Balkon der Vallotton-Suite bietet prachtvolle Alternativen: entweder auf die Côte d'Azur und Antibes in der Ferne oder zu den Hügeln der Provence mit dem Künstlerdorf Saint-Paul-de-Vence im Hintergrund.

Orientierungslos habe das Licht von Cagnes Vallotton anfangs gemacht, und auf seinen Spuren bereisten keineswegs nur Maler das Dörfchen. Die Liste derjenigen, die im Le Cagnard nächtigten oder speisten, umfasst Mitglieder des monegassischen Fürstenhauses, Politiker wie Olof Palme und Jacques Chirac, die Beatles, Schauspieler wie Greta Garbo, Brigitte Bardot und Guillaume Canet sowie Schriftsteller wie Guillaume Apollinaire, Jean Cocteau und Marcel Pagnol, der sich, um nicht mit den Nationalsozialisten kollaborieren zu müssen, 1942 nicht weit entfernt nach Peymeinade bei Grasse zurückzog. Auch sein

Kollege Manès Sperber floh im gleichen Jahr nach Cagnes-sur-Mer, wo im Juni sein Sohn, der spätere Anthropologe Dan Sperber, geboren wurde.

Sieben Jahre später wohnten Jean-Paul Sartre und Simone de Beauvoir im Le Cagnard, ein Aufenthalt, der unvergessen blieb. Ein Hotel am Estérel-Gebirge hatte die beiden damals nicht zufriedengestellt, wie sich Simone de Beauvoir in *Der Lauf der Zeit* erinnert: »Nachts drang das Rauschen der Wellen in mein Zimmer herein, und ich fühlte mich wie auf hoher See. Aber die Förmlichkeit der Mahlzeiten in dem riesigen, öden Speisesaal verdarb uns den Appetit. Es gab wenig Möglichkeiten, spazieren zu gehen, da sich dicht hinter uns bereits die Berge befanden.« So beschloss man einige Kilometer weiter zu ziehen: »Wir übersiedelten in eine mildere Gegend, ins ›Le Cagnard‹ auf der Höhe von Cagnes. Wir hatten angenehme Zimmer im obersten Stock. Mein Zimmer grenzte an eine Terrasse, auf der wir uns hinsetzten, um zu plaudern. Von den Ziegeldächern stieg leichter Rauch auf, der gut nach brennendem Holz roch, und in der Ferne war das Meer zu sehen.«

In dieser Atmosphäre schrieb Sartre an *Die zweite Chance*, während Simone de Beauvoir auf die unmittelbar bevorstehende Publikation ihres folgenreichen Buches *Das andere Geschlecht* wartete und bereits die Fortsetzung in Angriff nahm. Viele Jahre später kehrten beide ins Le Cagnard zurück und erinnerten sich gern an das »charmante Hotel«, das ihnen seinerzeit einen so wunderbaren Aufenthalt beschert habe.

Ein nicht minder berühmter Kollege des Pariser Intellektuellenpaares zog es vor, sich gleich ein Häuschen in Haut-de-Cagnes zuzulegen. 1956 kaufte der längst zu Ruhm und Reichtum gekommene Georges Simenon seiner zweiten Frau Denyse ein winziges Liebesnest in der Montée de la Bougarde, Hausnummer 98 – ein Geburtstagsgeschenk. Zwei Meter breit, vier Meter hoch, ein einziges Zimmer und ein Zwischengeschoss, das als Schlafzimmer diente – bescheidener ließ sich kaum hausen. In der Abgeschiedenheit von Haut-de-Cagnes verzichtete Simenon ganz gegen seine Gewohnheiten sogar darauf, seine Schreibmaschine zu traktieren. Stattdessen nahm er am Dorfleben teil, spielte Boule auf dem Schlossplatz und trank seinen Rotwein, mit den Einheimischen plaudernd und Eindrücke für weitere Romane sammelnd. Etliche von ihnen, darunter *Maigret und die verrückte Witwe* und *Maigret in der Liberty Bar*, spielen an der Côte d'Azur und in der Provence.

Simenon machte kein Aufheben von diesem Unterschlupf, den er in seinen autobiografischen Schriften nicht erwähnte. Sporadisch kehrte er später dorthin zurück, und wer heute mit wachem Blick vor dem Häuschen innehält, wird im Eisengeländer an der steilen Stiege zwei Initialen finden: »S« für Simenon und »D« für Denyse.

Ein Rückzugsort ist Haut-de-Cagnes bis heute geblieben, ungeachtet der Touristenströme, die sich inzwischen über die französische Riviera ergießen. Auch das Le Cagnard, das ganzjährig geöffnet hat und im Sommer stets ausgebucht ist, beherbergt unter anderem Besucher des Filmfestivals in Cannes oder des Formel-1-Rennens in Monaco, die dem Jetset zumindest am Abend entfliehen und sich in dem kleinen

> »Von den Ziegeldächern stieg leichter Rauch auf, der gut nach brennendem Holz roch.«
> SIMONE DE BEAUVOIR

Hotel in der Rue Sous Barri erholen wollen. Wenn sich dann die Abendstimmung über die mittelalterlichen Gassen legt und man sich zum Apéritif auf dem weiten Schlossplatz trifft, lässt sich nicht nur erahnen, wozu Haut-de-Cagnes über all die Jahre hinweg Künstler und Schriftsteller anregte. Auch Nobelpreisträgerin Nadine Gordimer war hier zu Gast. In ihrem Roman *Burgers Tochter* (1979) verlässt ihre Heldin Rosa Burger Südafrika und reist nach Südfrankreich, genauer: nach Haut-de-Cagnes. Rosa taucht in das ihr fremde Leben ein, wo abends im »bar-tabac« sich »junge Schweden und Deutsche, englische Männer und Mädchen« drängen, »um etwas zu trinken, das *La Veuve Joyeuse* genannt wurde«. In der Sommersaison trifft man sich bei Josette Arnys, einer alten kreolischen Sängerin, die sich von jungen Homosexuellen umgarnen lässt, in ihrer Bar, die »majestätisch wie ein schöner Altar in einer Kirche« ist und an deren Wänden Fotografien von Maurice Chevalier und Jean Cocteau hängen.

Zu der Zeit, als die Romanfigur Rosa Burger an die Côte d'Azur kommt, lebte auch Suzy Solidor (1900–1983) in einem Haus am Schlossplatz von Haut-de-Cagnes. Als Sängerin, Schauspielerin und Nachtclubbesitzerin im Paris der Zwischenkriegszeit legendär geworden, zog sie 1960 in den Ort, wo sie alsbald ein Cabaret eröffnete und gelegentlich letzte kleine Auftritte hatte. Dekoriert war ihre Bar mit rund 200 Gemälden, die nur ein Motiv hatten: Suzy Solidor. Ihre androgyne Erscheinung hatte früh Künstler aller Provenienz in Bann gezogen, und diese ließen es sich nicht nehmen, die große Sängerin zu porträtieren. In den Siebzigerjahren vermachte sie knapp fünfzig dieser Bilder der Stadt Cagnes-sur-Mer, die heute auf Schloss Grimaldi, im ehemaligen Boudoir der Marquise de Grimaldi, zu sehen sind – Ansichten einer inspirierenden Frau, gemalt von Tamara de Lempicka, Francis Picabia, Yves Brayer, Jean-Gabriel Domergue oder Raoul Dufy. Francis Bacons Bild *Mlle Suzy Solidor* hängt dort übrigens nicht. Da es der Porträtierten nicht gefiel, verkaufte sie es weiter. Suzy Solidor ist auf dem Friedhof von Cagnes-sur-Mer begraben.

Château Le Cagnard, Haut-de-Cagnes,
54, Rue Sous Barri, 06800 Cagnes-sur-Mer, Frankreich
www.lecagnard.com

THE DOLDER GRAND, ZÜRICH
WIE EINE GESETZTE TANTE

Seit den 1920er-Jahren, als das Hotel das ganze Jahr über betrieben wurde, kultivierte es seinen Ruf als Ort der prachtvollen Feierlichkeiten und Bälle. Das geflügelte Wort »Im Dolder ist's holder« machte nicht nur in der Zürcher Hautevolee die Runde.

Meinen Sie Zürich zum Beispiel / sei eine tiefere Stadt, / wo man Wunder und Weihen / immer als Inhalt hat?« Gottfried Benns gern zitiertes Gedicht *Reisen*, das von Stuben- und Schreibtischhockern freudig als Argument genommen wird, nicht in die Ferne schweifen zu müssen, ist für diejenigen bedeutungslos, die nicht aufs Geld schauen und sich, sei es zu privaten oder geschäftlichen Zwecken, ein wenig Luxus gönnen möchten. Doch in Zürich gilt es genau zu überlegen, in welchem Hotel diese Freuden erfahren werden sollen. Wer die Wahl hat, hat die Qual. Inmitten der Stadt? Im Baur au Lac in der Talstrasse oder im Savoy Baur en Ville am Paradeplatz also? Oder nicht lieber fernab der Shopping- und Finanzwelt, oberhalb der Stadt im Dolder Grand?

Dass sich aus dem Erlebnis, mit Distanz auf Stadt und See zu blicken, sowohl bei Wochenendausflüglern als auch bei Geschäftsreisenden Kapital schlagen liesse, trieb den Gastronomen und Spekulanten Heinrich Hürlimann an, als er Ende des 19. Jahrhunderts damit begann,

>»A lovely hotel! a beautiful view!
> and a wonderful staff!«
> ELIZABETH TAYLOR

still und heimlich Grundstücke am Zürichberg zu erwerben und sich seinen Traum von einem exquisiten Ausflugsziel zu erfüllen. Mit der 1895 eingeweihten Dolderbahn war es plötzlich ein leichtes Unterfangen, den »toldo« (althochdeutsch: Wipfel, Gipfel) zu erklimmen. Im gleichen Jahr eröffnete Hürlimann allen Anfeindungen zum Trotz sein Restaurant Waldhaus Dolder und beauftragte wenig später den Architekten Jacques Gros damit, einen Hotelkomplex zu entwerfen. Nach nur zwei Jahren waren die Bauarbeiten abgeschlossen, sodass das Dolder Grand Hotel mit seinen 220 Betten pünktlich zum Saisonbeginn am 11. Mai 1899 die ersten Gäste empfangen konnte. Gros – ausgewiesen vor allem im schweizerischen Holzbaustil – hatte ein eigentümliches Ensemble konzipiert, das mit seinen Vorbauten und spitzen Türmen nostalgisch gestimmten Seelen mit einer nicht kitschfreien Waldhausromantik schmeichelte und das sich von weitem wie ein Märchenschloss ausnahm – eines freilich mit sehr modernem Zubehör: Zwischen 1907 und 1930 kamen nach und nach Golfplatz, Eisbahn und Wellenbad hinzu.

Die Symmetrie, die Gros pflegte, wurde im Lauf des 20. Jahrhunderts durch An- und Umbauten zerstört. Erst 2004 besann man sich eines Besseren. Damals genügte das Dolder ohnehin nicht mehr den hohen Ansprüchen an ein Grandhotel, was den Mehrheitsaktionär Urs Schwarzenbach zu einer gigantischen Investition von 440 Millionen Schweizer Franken veranlasste. Klotzen, nicht kleckern, so lautete das Motto. Das Hotel schloss für vier Jahre seine Pforten; ein Teil des alten Inventars wurde versteigert, darunter für 1000 Franken das Bett, in dem Sophia Loren einst Erholung gefunden hatte. Der Stararchitekt Norman Foster ging zurück zu den Wurzeln, ließ alle im 20. Jahrhundert errichteten Gebäudeteile wieder abreißen und gab der Fassade ihr altes Gesicht (und den Haupteingang auf der dem See zugewandten Seite) zurück. Gleichzeitig legte Foster einen Neubau aus Glas, Stahl und Sandstein »wie eine Stola um die Diva« (Tomas Niederberghaus). Die Wiedergeburt des Hotels wurde mit Glanz, Gloria und einem Tag der offenen Tür gefeiert, bei dem es sich die scharenweise mit der Dolderbahn gekommenen Züricher nicht nehmen ließen, einen Blick hinter die edlen Kulissen zu werfen.

Seit den 1920er-Jahren, als das Hotel das ganze Jahr über betrieben wurde, kultivierte es seinen Ruf als Ort der prachtvollen Feierlichkeiten und Bälle. Das geflügelte Wort »Im Dolder ist's holder« machte nicht nur in der Zürcher Hautevolee die Runde. Finanzmogule, Politiker von internationaler Bedeutung wie Winston Churchill, Henry Kissinger (der das Dolder wegen seines selbst in der Nacht zuverlässigen Wasch- und Bügelservices schätzte) und Hillary Clinton sowie ungezählte Film-, Bühnen-, Sport- und Musikstars trugen sich in die Gästebücher des Hauses ein. Lil Dagover, Danny Kaye, Elizabeth Taylor (»A lovely hotel! a beautiful view! and a wonderful staff!«), Luciano Pavarotti, Cher, Bob Dylan, Arthur Rubinstein, Federico Fellini, Udo Lindenberg, die damals noch vereinten Woody Allen und Mia Farrow sowie Sir Roger Moore: »After many, many years it has been a joyous experience to return to the Dolder Grand and to find it still one of the best hotels of the world«.

Dass sich der Darsteller James Bonds hier wohlfühlte, mag kein Zufall sein, denn ein verschwiegenes, verwinkeltes Hotel am Waldrand gibt der Fantasie reichlich Nahrung, sich merkwürdige Machenschaften auszudenken. Am 10. August 1930 schlug das Verbrechen sogar sehr konkret zu, als der Direktor des Waldhauses, Kaspar Paul Gyr, auf dem Parkplatz einen Verdächtigen stellte, der sofort das Feuer eröffnete und Gyr mit mehreren Schüssen tötete. Der Mörder konnte erst zwei Jahre später gefasst werden, ohne dass die Hintergründe der brutalen Tat aufgeklärt wurden – Stoff für einen noch nicht geschriebenen Krimi. Michael Moritz' 2014 erschienener Roman *Die Tote im Dolder*, in dem westlich angehauchte Araber in Limousinen vorfahren, erzählt von anderen Gräueln.

Ein Aufstieg zur Eleganz,
ein Treppenhaus zum Verlieben.

Nicht auf reale Ereignisse griff John le Carré zurück, der in seinem 1993 erschienenen Spionagethriller *Der Nacht-Manager* das Dolder zum Hotel »Meister« machte und ihm ein ganz unverstaubtes Denkmal setzte. Schon auf der ersten Seite des Romans zeigt le Carré, mit was für einem Schauplatz es seine Leser zu tun haben: »Von Taxifahrern und Stammgästen liebevoll das Meister genannt, herrschte dieses Hotel mit seiner Erscheinung und seiner Tradition allein über ganz Zürich; wie eine gesetzte Tante aus der Zeit King Edwards blickte es vom Gipfel seines Hügels hinab auf die Torheiten des hektischen Stadtlebens. Je mehr sich unten im Tal änderte, desto mehr Zurückhaltung übte das Meister, unbeugsam in seinen Maßstäben, eine Bastion kultivierten Stils in einer Welt, die fest entschlossen war, zum Teufel zu gehen.«

Nichts lässt le Carré aus, um das Illustre des Ortes zu veranschaulichen. Limousinen fahren vor, die vor dem Eingang »wie ein Ozeanriese am Pier« anlegen, und wenn Dinnerzeit ist, sitzen die Gäste »wie Betende in einer Kathedrale über die von Kerzen beleuchteten Tische« gebeugt und laben sich an »*foie de veau glacé* mit Gemüse in drei Farben«. Einer von ihnen, Nacht-Manager Jonathan Pine, freilich findet, als seine Vergangenheit in Gestalt des Waffenhändlers Roper zurückkehrt, keinen Gefallen an diesen Genüssen: Die Kalbsleber wird plötzlich zu »Asche in seinem Mund«, und der teure Pommard schmeckt »wie Metall«.

Mit solchen kulinarischen Debakeln muss heute im Dolder Grand niemand rechnen. Das von Heiko Nieder geführte und mit zwei Michelin-Sternen ausgezeichnete »The Restaurant« offeriert den mit Gaumen-Highlights Vertrauten getauchte Jakobsmuschel aus Norwegen als Starter, Seeigel aus dem Nordmeer als zweiten und geangelten Steinbutt aus der Bretagne als Hauptgang – nicht zuletzt ein Grund, warum das Dolder vom Gault-Millau 2015 zum »Hotel des Jahres« gekürt wurde.

Überhaupt bietet das Hotel alles, was der verwöhnte Reisende erwartet. Vom Entree, der unter Denkmalschutz stehenden Steinhalle, zweigen die Wege zur Rezeption, zur Lobby, in den Ballsaal und zur Linken beziehungsweise Rechten in den »Golf Wing« und den »Spa Wing« ab, dessen Wellness- und Badebereich 4000 Quadratmeter umfasst. Unter den 176 Zimmern ragen vier Luxussuiten heraus, die auf originelle Weise das zu überbieten suchen, was man andernorts unter diesem Etikett findet. Die von den Rolling Stones und dem legendären Londoner »100 Club« inspirierte Suite 100 zum Beispiel lädt zu Vermögen gekommene Alt-Rock'n'Roller zu einer Zeitreise in die Sechzigerjahre ein. Kühne Möbel in kühnen Farbkombinationen, die damals der letzte Schrei waren, haben mit den üblichen Standards wenig gemein. Dass zum Schlafzimmer ein ausladendes schwarzes Bad mit Whirlpool, Sauna und Dampfdusche gehört, passt zum – wenn man so sagen will – postmodernen Retrolook der Suite.

Den beeindruckendsten Blick über Zürich, den See und die Alpen hat man von der Terrasse der mit 230 Quadratmetern großzügigen Carezza Suite, für die Alberto Giacometti Pate stand. Zwei Schlafzimmer, weiße Marmorbäder, ein Kamin, der keine Ähnlichkeiten mit Opas

»… unbeugsam in seinen Maßstäben,
eine Bastion kultivierten Stils …«
JOHN LE CARRÉ

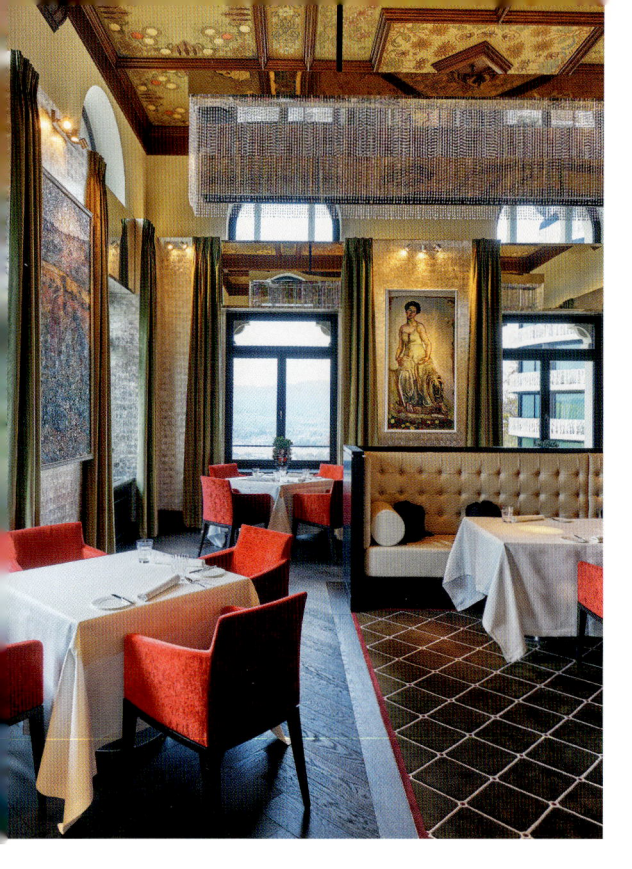

altem Holzofen hat, und die zum Boden reichenden Fenster lassen den Gast daran zweifeln, warum überhaupt es sinnvoll sein könnte, sich aus diesen Räumlichkeiten jemals zu entfernen.

Und nicht zuletzt die – Herbert von Karajan lässt grüßen – Maestro Suite, die sich im Turm des Hauptgebäudes am höchsten Punkt des Dolder Grand befindet und sich mit ihren 400 Quadratmetern über zwei Stockwerke erstreckt. Ein Speisezimmer, eine Bibliothek, eine private Lounge-Terrasse und ein Turmzimmer gehören zu ihren Annehmlichkeiten. Die Tarife inklusive eines »on-call«-Butlerservices werden, wie es auf der dezenten Preisliste des Hotels heißt, den hin und wieder auch mit dem Helikopter anreisenden Interessenten gern auf Anfrage mitgeteilt.

Allzu viele Schriftsteller sind es nicht, die sich diesen Luxus leisten können. Immerhin, Jean Cocteau kam 1952 und zeigte sich vom »prunkvollen Dolder« begeistert. Johannes Mario Simmel feierte hier den Geburtstag seiner Frau Lulu, der zu Ehren, wie man sich erzählt, im Restaurant aus heiterem Himmel ihr Lieblingslied *C'est si bon* erklang – eine Aufmerksamkeit, die selbst ein gefeierter Bestsellerautor zu schätzen weiß. Und alljährlich, wenn Autoren von überall her zum Festival »Zürich liest« in die Stadt kommen, ist auch das Dolder als Veranstaltungsort mit von der Partie, und so kann es passieren, dass in der Bar, während Cocktails gemixt werden, Auszüge aus Charles Jacksons Trinkerroman *Das verlorene Wochenende* zu hören sind.

Wie es sich gehört, verfügt das Dolder über eine an die Lobby angrenzende Bibliothek, deren Bestände literarisch freilich wenig hergeben. Ihr Schwerpunkt liegt auf Lifestyle-Bildbänden, wozu eine solide Thomas-Mann-Werkausgabe leider nicht zählt. Eine solche böte die Gelegenheit, beispielsweise die *Bekenntnisse des Hochstaplers Felix Krull* wieder zu lesen, die eine wichtige Inspiration dem Dolder verdanken. Dort nämlich begegnete Thomas Mann seiner »letzten Liebe«, dem neunzehnjährigen, vom Tegernsee stammenden Kellner Franz Westermeier. Wie die viele Jahre nach Manns Tod veröffentlichten Tagebücher verraten, fand seine Neigung für Jünglinge in Westermeier ein geeignetes Objekt der (nicht ausgelebten) Begierde. Notgedrungen hatten der Nobelpreisträger und seine Tochter Erika im Juni 1950 das Baur au Lac verlassen müssen, wo – welche Peinlichkeit – Ratten ihr Unwesen trieben, und sich im Dolder einquartiert. Am 25. des Monats bei »heiterem Wetter« fällt der Blick des Dichters erstmals auf einen »Münchner Kellner, hübsch«. Ein paar Tage später werden dessen Augen und Zähne, die »charmierende Stimme« und das »liebe Gesicht« gelobt; bald stellt sich »Freude, Zärtlichkeit, Verliebtheit« ein, und bei Tisch beobachtet der 75-Jährige sehr genau den kräftigen Wuchs, das nicht »sangeswürdige« Profil und das gewellte Haar des Adorierten.

Eine großzügige Lobby – der ideale Ort für den Nachmittagskaffee oder für vertrauliche Unterredungen.

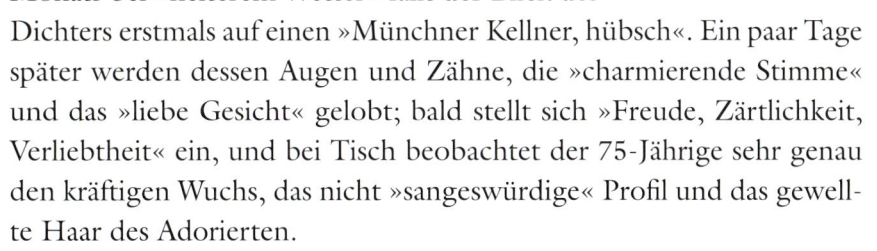

Ewig freilich währte der Mann'sche Aufenthalt im Dolder nicht; die Trennung vom »Liebling« Franzl ist unvermeidlich, doch als man im Juli ins nächste Grandhotel, ins Waldhaus Sils-Maria, weiterzieht, lässt es sich Thomas Mann nicht nehmen, dem Tegernseer Briefe zu schreiben, und wartet fortan voll sehnsüchtiger Ungeduld auf ein Antwortbillett. Knapp vierzehn Tage später wird Franzl ihm freundlich zurückschreiben; ein Wiedersehen der beiden gibt es nicht. Thomas Mann wird sich bei der Niederschrift des *Felix Krull* an seine Zürcher Liebe erinnern und Franzl in der Figur des Kellners Felix heraufbeschwören. Als Manns Tagebücher erschienen, kam deren Inhalt dem mittlerweile in New York lebenden Westermeier zu Gehör. In einem Brief gab dieser dann seine Erinnerungen an den Frühsommer 1950 preis und hielt –

prüde Mann-Leser sind ihm dafür bis heute dankbar – fest: »Nie ist er mir in irgendeiner Weise zu nahe getreten.«

Während die durch Thomas Mann verkörperte literarische Vergangenheit heute im Dolder keine herausragende Rolle spielt, hat sich das Hotel seit der Wiedereröffnung 2008 durch seine Kunstsammlung einen Namen gemacht. Über einhundert namhafte Kunstwerke – die meisten davon in für alle Gäste zugänglichen Räumen platziert – machen aus dem Hotel ein kleines, feines Museum. Camille Pissarros *Les Quatre Saisons*, Dalís *Femmes métamorphosées – les sept arts*, Duane Hansons *Traveller*, Ferdinand Hodlers *Heilige Stunde*, Gerhard Richters *Abstraktes Bild*, Damien Hirsts *Beautiful, How Fucking Good Is That?*, Joan Mirós *Torse* oder Max Ernsts *Dans les rues d'Athènes* zählen zu den Kunstobjekten im Dolder Grand. Und wer dafür partout kein Auge hat, gerät spätestens an der Rezeption ins Staunen, dort, wo sich das nicht zu übersehende, elf Meter breite *Big Retrospective Painting* von Andy Warhol über die ganze Front zieht. Ein für die eigenen Bestände entwickeltes, ausleihbares Kunst-iPad hält alle Informationen über die Werke bereit und zeigt einen Raumplan, der den Kunstbetrachter sicher zu den Objekten geleitet.

Apropos iPad: Auf allen Zimmern steht ein solches ohnehin zur Verfügung – eine herrliche Spielerei, mit der sich Jalousien und die Zimmertemperatur bequem regulieren lassen. Eines Tages werden auf diesem Gerät mit einem sanften Touch auch die Romane und Tagebücher Thomas Manns zu lesen sein. Das ist das Dolder Grand sich schuldig.

The Dolder Grand, Kurhausstrasse 65, 8032 Zürich, Schweiz
www.thedoldergrand.com

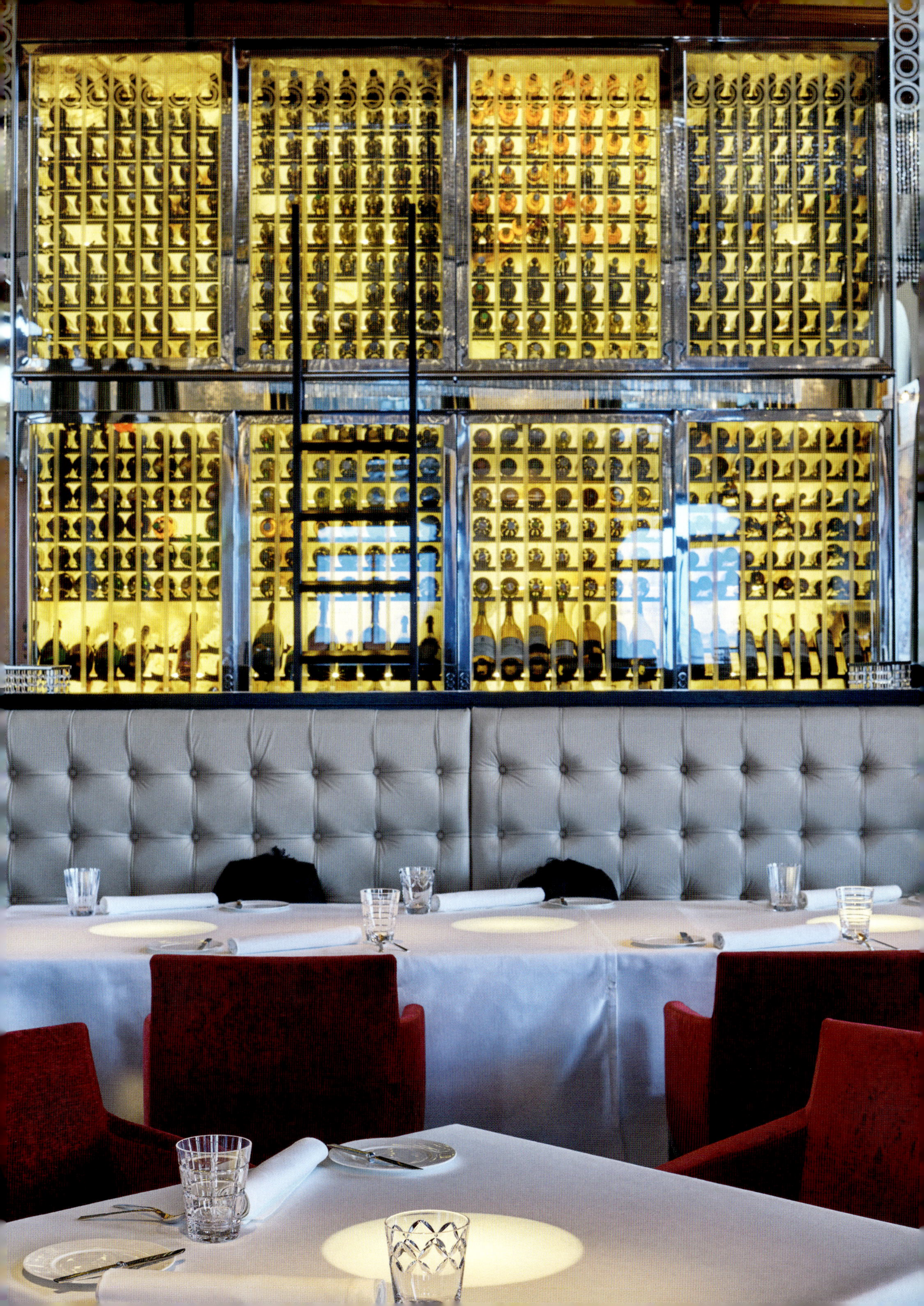

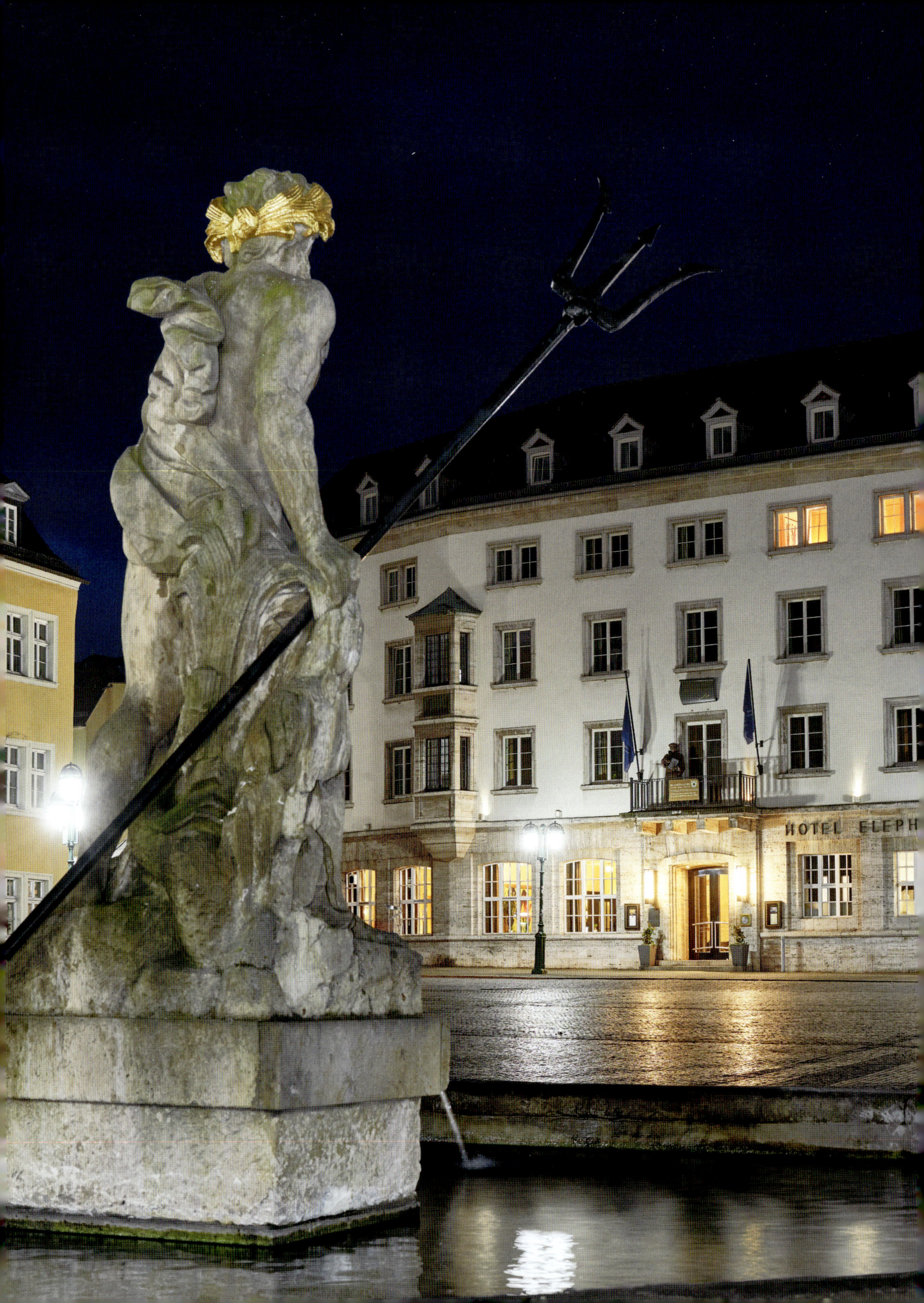
HOTEL ELEPH

HOTEL ELEPHANT, WEIMAR

IM VORZIMMER DER WALHALLA

Nach Weimar und ins Hotel Elephant drängte es in jener Epoche fast alle, die einen Platz in der Kunst- und Literaturgeschichte innehatten oder beanspruchten.

Warum gerade Elefanten? Was verleitet einen Gastronomen mitten in Thüringen dazu, seinen Gasthof ausgerechnet nach exotischen Dickhäutern zu benennen? Man weiß es nicht; allenfalls Vermutungen darf man darüber anstellen, was den fürstlichen Mundschenk Christian Andreas Barritig zu dieser Namensgebung veranlasste, als er das Wirtshaus am Weimarer Markt 1696 erwarb. Vielleicht fand der erfolgreiche Wirt, dem bereits das benachbarte Gasthaus »Zum Schwarzen Bären« gehörte, Gefallen daran, mit einem noch gewichtigeren Tier Aufmerksamkeit zu erregen. Wie auch immer: Der Elefant ist im Elephant allgegenwärtig – sei es im freundlichen Logo, sei es in den Sammlerstücken, die Elefanten in allen (Kunst-)Formen zeigen und die die Bibliothek des Hotels schmücken.

Kaum ein Hotel in Deutschland hat eine so bedeutende und schillernde Geschichte wie das Hotel Elephant, und kaum ein Reisender, der auf den Spuren der deutschen Klassiker Goethes Wohnhaus am Frauenplan oder sein charmantes Gartenhäuschen im Park an der Ilm besucht, verzichtet darauf, am Marktplatz innezuhalten und – nach dem Verzehr einer original Thüringer Bratwurst, die, so der stolze Aushang, auch schon François Mitterrand, Otto Waalkes und Gerhard Schröder gemundet habe – nach jenem Hotel Ausschau zu halten, in dem im 18. und 19. Jahrhundert Künstler von nah und fern einkehrten und tafelten. Herder, Wieland, Schiller und Goethe prägten das Gesicht Weimars und lockten verwandte Geister an – darunter im September 1826 den österreichischen Dramatiker Franz Grillparzer: »Endlich kam ich nach Weimar und kehrte in dem damals in ganz Deutschland bekannten Gasthofe zum Elephanten, gleichsam dem Vorzimmer zu Weimars lebender Walhalla, ein. Von da sandte ich den Kellner mit meiner Karte zu Goethe und ließ anfragen, ob ich ihm aufwarten durfte.« Das durfte der österreichische Gast, ohne dass es zwischen ihm und Goethe in den folgenden Tagen zu einem innigen Austausch gekommen wäre. Grillparzers *Selbstbiographie* berichtet davon.

Nach Weimar und ins Hotel Elephant drängte es in jener Epoche fast alle, die einen Platz in der Kunst- und Literaturgeschichte innehatten oder beanspruchten. Clara Schumann, Richard Wagner, Franz Liszt, Gustav Freytag, Hans Christian Andersen, Heinrich Hoffmann von Fallersleben, Leo Tolstoi, Moritz von Schwind und William Thackeray (der seinen Aufenthalt im Roman *Jahrmarkt der Eitelkeit* aufgriff) – sie alle logierten im vornehmen Elephant, und wer Altmeister Goethe besonders nahestand, durfte in den Räumlichkeiten mit ihm im August 1829 anlässlich seines 80. Geburtstags mit Madeira anstoßen.

Im Elephant mit seinem Sternerestaurant »Anna Amalia«, der heute unter der Marke »A Luxury Collection Hotel« firmiert, weiß man, was diese Ahnengalerie wert ist, nicht nur für staunende Literaturreisende aus Japan oder Korea. Doch die Geschichte Weimars und seines bekanntesten Hotels zu erzählen ist kein klippenloses Unterfangen. Zwar mehrte sich der Ruhm des Elephant noch einmal, als Anfang des 20. Jahrhunderts der Maler Lyonel Feininger und Stefan Zweig seine Gäste waren und als in der Silvesternacht 1914/15 ein »Konzil der geistigen Krieger« zusammenkam, um die Kriegsverherrlichung, der fast alle Dichter auch in Deutschland zu Beginn des Ersten Weltkriegs erlegen waren, kritisch zu beleuchten. Präsidiert von Verleger Ernst Rowohlt, debattierten unter anderem Martin Buber, Albert Ehrenstein, Walter Hasenclever, Rudolf Leonhard, Kurt Pinthus und Paul Zech. Der pazifistische Elsässer Schriftsteller René Schickele war der Versammlung leider ferngeblieben.

Nach Kriegsende, als das Staatliche Bauhaus in Weimar aus der Taufe gehoben wurde, logierten Walter Gropius, Oskar Schlemmer, Johannes Itten und Lothar Schreyer im Elephant und schienen dem Löwen des Stadtwappens avantgardistische Farbtöne hinzuzufügen – eine Illusion, wie sich bald darauf herausstellte. Denn unter der Leitung von Paul Leutert, der das Hotel 1893 übernommen und maßgeblich modernisiert hatte, trug sich im Juli 1926 ein gewisser »Adolf Hitler, Schriftsteller« in das Gästebuch ein. Weimar entwickelte sich früh zu einer nationalsozialistischen Hochburg, und Hitler ließ sich in der Stadt feiern, Jahre bevor er und die Seinen an die Macht kamen.

Der Elephant fungierte bei Hitlers Aufenthalten – Dutzende von Malen kam er in die Stadt – als Parteizentrale, und Direktor Leutert, selbst ein eifriger Parteigänger, ließ es sich nicht nehmen, dem Vegetarier Hitler »Weimarer Brotsuppe« aufzutischen. Hitler ist es zudem zuzuschreiben, dass das historische Hotelgebäude im Juli 1937 wegen vermeintlicher Baufälligkeit abgerissen wurde. Er beauftragte einen seiner Lieblingsarchitekten, Hermann

Im Erker:
Auch Einzelgänger finden einen angemessenen Platz.

Giesler, mit dem Neubau – immerhin mit der Vorgabe, »Karawanserei«, »aufgeblasene Hotelarroganz« und »Effekthascherei« zu vermeiden. Der Elefant als Wahrzeichen über dem Eingang hatte dem Reichsadler zu weichen, und darüber platzierte Giesler einen Balkon, von dem aus Hitler die jubelnde Weimarer Bevölkerung grüßte. Mit Rufen wie »Lieber Führer, komm heraus aus dem Elefantenhaus« oder »Lieber Führer, bitte, bitte, lenk auf den Balkon die Schritte« pflegte diese Hitler bei den Aufmärschen auf dem Marktplatz auf den Balkon zu locken. Seine Sympathie für das Hotel zeigte sich auch darin, dass er den Architekten bat, beim Neubau eine ihm allein vorbehaltene Suite zur Gartenseite vorzusehen.

Wie umgehen mit diesem historischen Tiefpunkt? Wie den Gästen aus der Verlegenheit helfen, wenn sie sich auf einer Bildungsreise zur deutschen Klassik ausgerechnet in Hitlers Lieblingshotel wiederfinden? Die Betreiber des Elephant haben sich für die einzig richtige Herangehensweise entschieden und behandeln, anstatt peinlich berührt die NS-Zeit mit einem Mantel des Schweigens zu überziehen, dieses Kapitel offensiv. Die Hotelbroschüren und eine Ausstellung in der Belétage reflektieren das Geschehene; der Balkon, auf dem sich Hitler feiern ließ, wird mit wechselnden Skulpturen – Martin Luther zum Beispiel – bestückt; die Inneneinrichtung greift konsequent Bauhaus- und Art-déco-Elemente auf, und als man 1998 daranging, Themensuiten einzurichten, wurde aus Hitlers Wohnräumen zuerst eine Udo-Lindenberg- und dann eine Lyonel-Feininger-Suite, als sich 2006 der erste Aufenthalt des Malers und Grafikers zum 100. Mal jährte. In den direkt angrenzenden Räumen, wo Hitler einst Sitzungen abhielt und wo eine Karte Großdeutschlands prangte, ist nun die Reproduktion eines Gemäldes von Otto Dix zu sehen. Explizite Nachfragen nach der Hitler-Suite gab und gibt es kaum. Der keine Provokation scheuende israelisch-amerikanische Autor Tuvia Tenenbom immerhin veröffentlichte 2011 in den USA den Bericht seiner Deutschland-Visite unter dem Titel *I Sleep in Hitler's Room*, der ein Jahr später auf Deutsch unter dem unverdächtigen Titel *Allein unter Deutschen* herauskam. Sein Kollege Oliver Maria Schmitt beklagte hingegen in seinem Reisebericht *Ich bin dann mal Ertugrul* (2015), in der ehemaligen Hitler-Suite nicht untergekommen zu sein.

2010, als sich die Befreiung des nahegelegenen Konzentrationslagers Buchenwald zum 65. Mal jährte, kam es zu einem Ereignis, das die wechselhafte Geschichte des Hauses auf besondere Weise summierte: Ehemalige KZ-Häftlinge wohnten im Elephant, ein außergewöhnliches Zeichen. Am einstigen Führer-Balkon hängt heute der so genannte Schwur von Buchenwald: »Der Aufbau einer neuen Welt des Friedens und der Freiheit ist unser Ziel!« Bereits sieben Jahre zuvor, am 26. Januar 2003, kam der 1944/45 in Auschwitz und Buchenwald inhaftierte Nobelpreisträger Imre Kertész nach Weimar und hinterließ im Gästebuch diese Zeilen: »Meine Lebenserfahrungen habe ich mit Buchenwald begonnen. Meine literarischen Erfahrungen habe ich mit Thomas Mann begonnen. Ein Kreis schließt sich heute abend ab« – die Erinnerung an seinen Aufenthalt im Elephant lässt sich nachlesen in Kertész' *Letzte Einkehr. Tagebücher 2001–2009*.

Kertész' Gästebucheintrag hängt unter Glas in einem der Flure, wie auch der seines Nobelpreiskollegen Günter Grass, der sich am 27. August 2004 zeichnend und schreibend verewigte: »Welch eine Freude! Im Krebsgang nach Weimar. Just im Elephant intimes Geplauder mit Lotte …« Lotte? Thomas Mann? Ja, natürlich, denn die Hotelgeschichte wäre um vieles ärmer, wenn sich nicht auch ein weiterer Nobelpreisträger, wenn sich nicht Thomas Mann darin eingeschrieben hätte. Fünfmal in seinem Leben, zwischen 1910 und 1955, kam er nach Weimar. 1932, als die Stadt mit einer Festwoche an Goethes 100. Todestag erinnerte, hielt er den Vortrag *Goethes Laufbahn als Schriftsteller*, besuchte, wie es sich gehörte, das Goethehaus, betrachtete amüsiert, wie in den Schaufenstern der Olympier als Marzipanfigur und das Gartenhaus als versandfertige Bonbonniere präsentiert wurden, und kam nicht umhin, das fatale Wirken des Zeitgeistes zu konstatieren: »Ganz eigen-

»Endlich kam ich nach Weimar
und kehrte in dem damals in ganz Deutschland
bekannten Gasthofe zum Elephanten ein.«

FRANZ GRILLPARZER

artig berührte die Vermischung von Hitlerismus und Goethe. Weimar ist ja eine Zentrale des Hitlerismus. Überall konnte man das Bild von Hitler usw. in nationalsozialistischen Zeitungen ausgestellt sehen.«

1936 ging Thomas Mann ins Exil; drei Jahre später publizierte er seinen historischen Roman *Lotte in Weimar*, der aus der Ferne der NS-Barbarei den Geist der Weimarer Klassik entgegenstellte, eine historische Begebenheit aus dem Jahr 1816 aufgreifend. Damals besuchte Charlotte Kestner, das Urbild der Brot schneidenden, verstörend liebreizenden Lotte in *Die Leiden des jungen Werther*, Weimar und ihren früheren Verehrer Goethe. Es kam zu einem Essen in größerem Kreis, doch rechte Begeisterung über Lottes Besuch wollte bei Goethe nicht aufkommen.

Thomas Mann nahm sich die Freiheit, mit dem historisch Verbürgten locker umzugehen, und quartierte seine Titelfigur nicht bei Verwandten, sondern im Hotel Elephant ein – wie der Romananfang deutlich macht. Kellner Mager empfängt »drei Frauenzimmer vor dem renommierten Hause am Markte«; die Wirtin Elmenreich weist den Damen umgehend Zimmer zu, und selbstverständlich bleibt auch das Melderegister den drei Reisenden nicht erspart. Ihre Anführerin trägt sich mit den Zeilen »Hofräthin Witwe Charlotte Kestner, geb. Buff, von Hannover, letzter Aufenthalt: Goslar, geboren am 11. Januar 1753 zu Wetzlar, nebst Tochter und Bedienung« ein. Das Brieflein, das die Witwe kurz darauf an Goethe schreibt (»Verehrter Freund! …«), hat sich Thomas Mann freilich nur ausgedacht.

Damit nicht genug. Thomas Manns Verdienste um das Hotel beschränken sich nicht darauf, Lotte freundlicherweise dort nächtigen zu lassen. Nein, 1955, als ihm der Schillerpreis zuerkannt und er nach Weimar eingeladen wurde, teilte er seinem zum DDR-Kulturminister aufgestiegenen Kollegen Johannes R. Becher mit, dass er im Elephant zu wohnen wünsche. Eine Bitte, die Schwierigkeiten bereitete, da das Hotel seit Kriegsende anderweitig genutzt wurde. Am 16. Mai 1955 öffnete es – dank der Mann'schen Initiative – seine Pforten wieder. Wiewohl

»Ein Kreis schließt
sich heute abend ab.«
IMRE KERTÉSZ

Thomas Mann selbst zusammen mit Frau Katia und Tochter Erika im Hotel International am Bahnhof untergebracht wurde, blieb es ihm vorbehalten, sich mit Anna Seghers, Arnold Zweig, Hans Mayer und Erwin Strittmatter als Erster im Gästebuch des Elephant einzutragen.

Thomas Mann, nach dem seit 2002 eine von Wladimir Putin eingeweihte Suite benannt ist, und *Lotte in Weimar* sind Säulen der Außendarstellung des Hotels. Das Deutsche Nationaltheater Weimar spielt seit einiger Zeit regelmäßig in der Bibliothek des Hotels unter der Regie von Hasko Weber Szenen aus dem Roman. 1974, als das Hotel noch als Interhotel firmierte, schloss es gar für mehrere Tage: Regisseur Egon Günther drehte für den DEFA-Film *Lotte in Weimar* im Hotel, dessen Fassade deswegen kurzzeitig retuschiert werden musste. In den Hauptrollen spielten Jutta Hoffmann als Adele Schopenhauer, Martin Hellberg als Goethe und der Weltstar Lilli Palmer als Lotte; Letztere bestand – comme il faut – darauf, sich beim Kutschenein- und Kutschenausstieg doubeln zu lassen. Das Mitwirken Palmers, die im selben Jahr mit ihrer Autobiografie *Dicke Lilli – gutes Kind* die Bestsellerlisten erklomm, galt als Sensation; seit 2004 dürfen ihre Fans in der mit Filmfotos dekorierten Lilli-Palmer-Suite übernachten, und eine Zeit lang

Eine Möglichkeit zur Einkehr: im gemütlich-rustikalen Elephantenkeller.

stand die Schauspielerin als lebensgroße, von Rainer Zöllner, Theaterplastiker am Nationaltheater, gestaltete Skulptur auf dem Hotelbalkon.

Zu DDR-Zeiten tagte der ostdeutsche PEN regelmäßig im Elephant, sodass die literarische Gästeliste unter anderem mit Peter Hacks, Bruno Apitz und Franz Fühmann namhaften Zuwachs erhielt. Allein die Autorinnen und Autoren aufzuzählen, die nach der Wende in Weimar und damit meist im Elephant Station machten, ist kaum möglich. Sir Peter Ustinov, Hans Magnus Enzensberger, Reinhard Jirgl, Martin Walser, Norman Mailer oder Jorge Semprún seien wenigstens erwähnt – von den vielen Politikern, Schauspielern und Sängern ganz zu schweigen. Patti Smith immerhin ließ sich von der Umgebung dazu inspirieren, im Gästebuch eine Elefantenzeichnung zu hinterlassen, und als Ende November 2014 der Deutsche Fußball-Bund im Hotel zu einer Jahresabschlussfeier einlud, brandeten Joachim Löw Applaussalven entgegen, wie wenn Goethe, Thomas Mann und Lilli Palmer gleichzeitig wiederauferstanden wären. »Wäre Gast ein Hauptberuf, würde ich ihn gern hier im Elephant ausüben« – in dieser Notiz des Schauspielers Jan Josef Liefers bündeln sich die Eindrücke vieler Hotelgäste.

An wenigen Orten kulminiert deutsche Geistesgeschichte so intensiv wie in Weimar und seinem Vorzeigehotel. Deshalb tut es gut, nach dem Frühstück aus dem Richard-Wagner-Saal, an dessen Wänden Jiří Dokoupils Wandbilder zum *Ring des Nibelungen* hängen, in den kleinen Garten zu treten und das Gesehene auf sich wirken zu lassen. Einen Espresso trinken, über einen sorgfältig zurechtgeschnittenen Efeu-Elefanten lächeln, lauschen, wie eine Pferdekutsche über das Weimarer Kopfsteinpflaster klappert, und sich vorstellen, dass sich mit dieser ein aufstrebender Dichter aufmacht, Goethe in seinem Gartenhaus die Aufwartung zu machen … so lässt sich ein Hoteltag im Elephant aufs Angemessenste beginnen.

Hotel Elephant – A Luxury Collection Hotel, Markt 19, 99423 Weimar
www.hotelelephantweimar.com

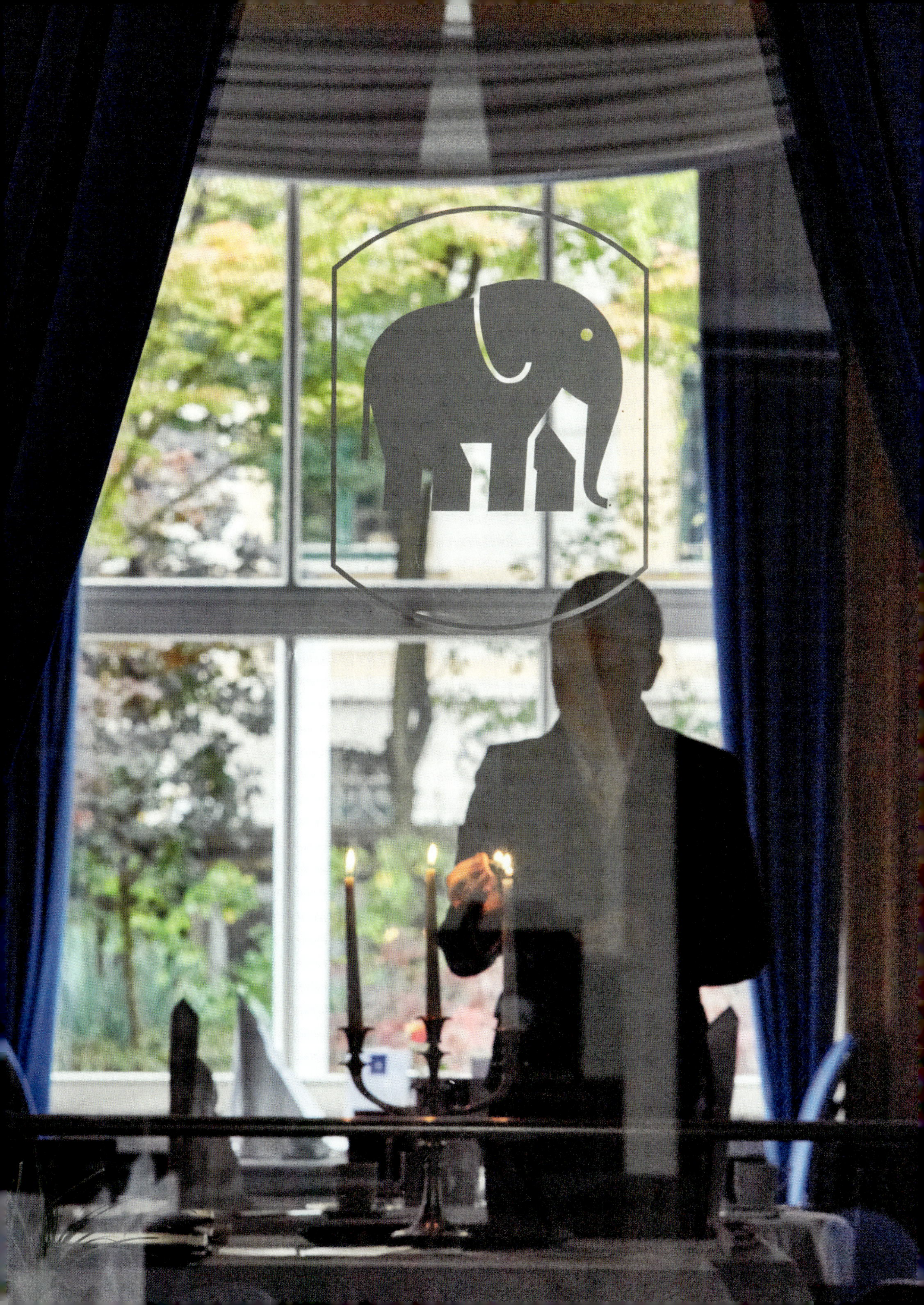

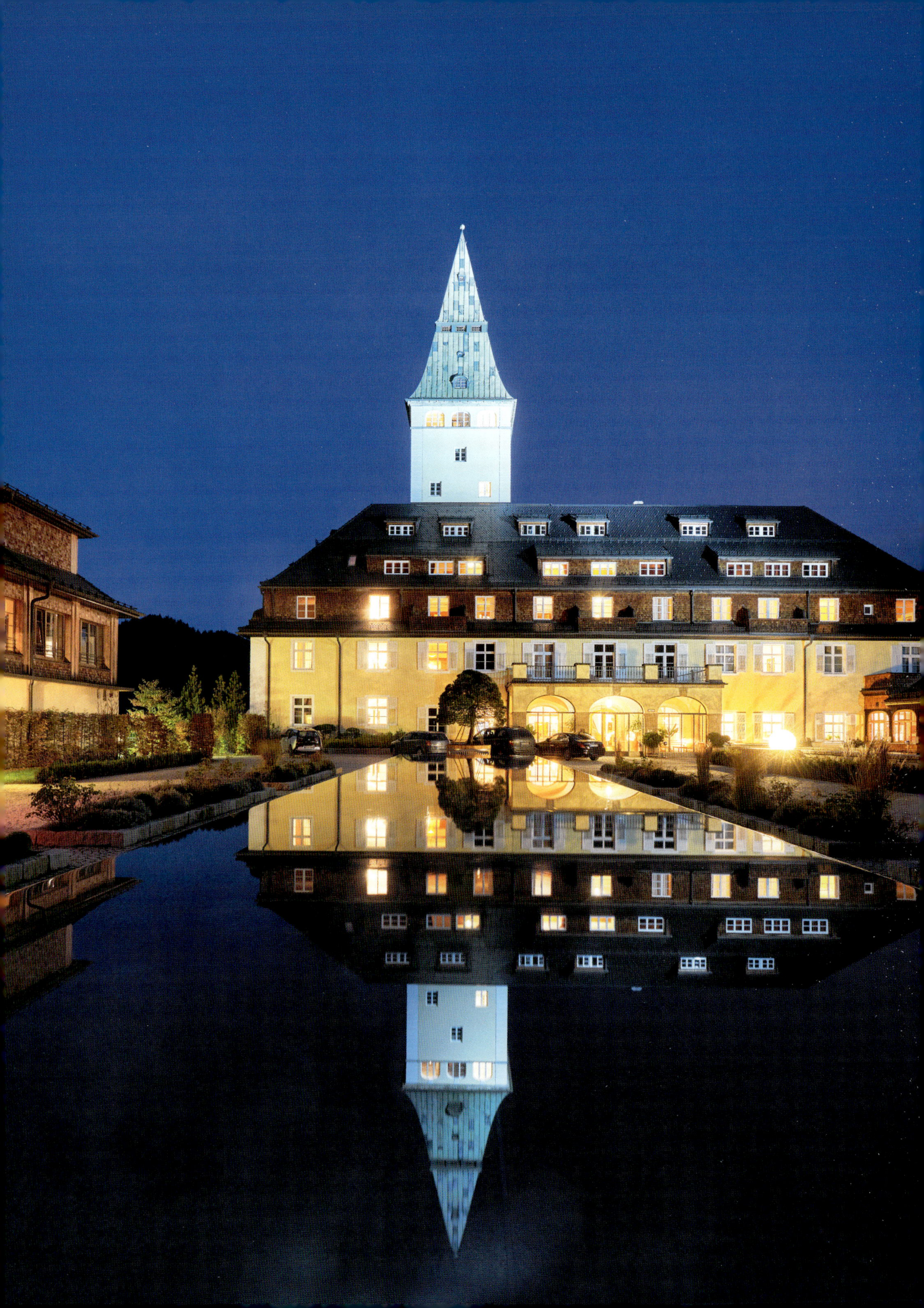

SCHLOSS ELMAU, KRÜN

IN GIPFELNÄHE

Moderne Tradition, traditionelle Moderne: zwei Elmauer Ansichten.

Nein, wir wollen nicht vom Juni 2015 reden, als selbst an den abgelegensten kanadischen Seen oder im hintersten Iowa der Name eines oberbayerischen Schlosses plötzlich in aller Munde war. Als sich zwei Tage lang hochmächtige Staatsmänner und eine Staatsfrau zum G7-Gipfel – Wladimir Putin musste zu Hause bleiben – in idyllischer Gegend zwischen Mittenwald und Garmisch-Partenkirchen trafen. Nein, wir wollen nicht fragen, was dieses sehr kostspielige, von überraschend zurückhaltenden Protestdemonstrationen begleitete Treffen an weltpolitischen Erträgen brachte und was sich Angela Merkel und Barack Obama zu sagen hatten, als sie auf einer Holzbank Platz nahmen und aufs Wettersteingebirge blickten. Über Literatur dürften sie kaum geredet haben, wenngleich der amerikanische Präsident als passionierter Leser gilt. Über Musik und Literatur zu sprechen hätten die beiden freilich an diesem Ort genügend Anlass gehabt, denn der Gipfel-Treffpunkt – das gut einhundert Kilometer südlich von München gelegene Schloss Elmau – genießt nicht nur den Ruf eines herausragenden Hotels, sondern ist seit seinem Bestehen eine großartige, international besetzte Bühne für Pianisten, Cellisten, Sänger, Jazzer, Philosophen, Historiker, Sozialwissenschaftler, Lyriker und Romanciers.

Die sieben Gipfelprotagonisten nächtigten nicht im Urschloss Elmau, sondern im erst im März 2015 eröffneten Neubau Schloss Elmau Retreat, das allen Ansprüchen an höchsten Komfort genügt. Dietmar Mueller-Elmau, seit 1997 in der Verantwortung für den Schloss- und Hotelbetrieb, bezeichnet die Einweihung des Retreats und das Gipfelmeeting als »vorläufigen Höhepunkt in der bewegten Geschichte von Schloss Elmau auf dem Weg von einem ehemals weltentrückten Idyll deutscher Innerlichkeit und metaphysischer Eindeutigkeit am Anfang des 20. Jahrhunderts zu einem weltoffenen Idyll kosmopolitischer Weltläufigkeit und säkularer Vieldeutigkeit am Anfang des 21. Jahrhunderts«. Wohlklingende Worte, typisch für den intellektuell ambitionierten, keineswegs konfliktscheuen CEO Mueller-Elmau, der davon träumt, aus Schloss Elmau eine Denkschmiede zur Lösung der Weltprobleme zu machen. Und vielsagende Worte, die verraten, welche Zerreißproben das Schlosshotel in den letzten einhundert Jahren zu überstehen hatte, um zu dem zu werden, was es heute ist.

Fangen wir mit vermeintlich Unverfänglichem, mit Natur und Landschaft an. Wer von Deutschlands höchstgelegener Bahnstation im Krüner Ortsteil Klais nicht zum ersten Mal auf die mautpflichtige Privatstraße (deren Asphaltbelag sich auch dem G7-Gipfel verdankt) abbiegt und Schloss Kranzbach zur Rechten passiert, sehnt den Moment herbei, da sich der erhebende Blick auf Schloss Elmau auftut. Hanns-Josef Ortheil hat diesen betörenden Augenblick festgehalten, in seinem Roman *Liebesnähe* (2011), der Pflichtlektüre für alle Elmauer ist. Worum geht es in diesem elegischen, größte Gelassenheit ausstrahlenden Buch? Der Schriftsteller Johannes Kirchner und die Performancekünstlerin Jule Danner kommen einander in einem namenlos bleibenden Hotel, als dessen Modell man, ohne detektivischen Spürsinn aufzuwenden, Elmau identifizieren darf, näher und näher. Worte müssen beide kaum verlieren, um ihre Seelenverwandtschaft, ihre »Liebesnähe« zu erspüren. Man tauscht kleine Zettel aus, interpretiert Gesten und weiß intuitiv, welche Wanderroute der andere einschlagen und welche Mahlzeit die andere einnehmen wird. Begleitet von musikalischen und literarischen Reminiszenzen und angereichert von kulinarischen Köstlichkeiten – Steinpilze beispielsweise –, werden die Ortheil-Leser zu Mitgliedern einer Slow-Love-Bewegung und erleben die Utopie einer selbstverständlichen Liebeserfüllung.

Ganz am Anfang, als sich Johannes seinem Feriendomizil nähert, ist davon noch nichts zu ahnen; ganz am Anfang steht das: »Dann, plötzlich, ist der Blick frei, und er sieht die ganze Weite des Raums: Die hellgrünen, gemähten, welligen Wiesen, den sich anschließenden Ringsaum der dunkleren Nadelwälder und das Schiefergrau der hohen Berge, über deren Spitzen einige kleine Wolken vertraut sind. In der Mitte dieses Bildes aber lagert das so genannte Schloss, in dem ein großes Hotel untergebracht ist. Seine Flügel kauern sich auf eine kleine, unmerkliche Erhebung, und hinter ihnen ragt ein weißer, mächtiger Turm mit einer hellgrünen Spitze wie ein markantes Zeichen in die Höhe.«

Das ist der erste Eindruck, und diese einzigartige Lage und diese Entrücktheit waren es auch, die am Anfang der Hotelgeschichte stehen. Zwischen 1914 und 1916 ließ der Theologe und promovierte Philosoph Johannes Müller, der Großvater Dietmar Mueller-Elmaus, mit finanzieller Unterstützung der Gräfin von Waldersee auf dem Einödanwesen Schloss Elmau erbauen. Von Anfang an formulierte der Zivilisationskritiker Müller seine Vision, in dieser oberbayerischen Weltferne dem in seinen Augen egozentrischen, religionslosen Zeitalter ein Gegengewicht an die Seite zu stellen und einen »Freiraum des persönlichen und gemeinschaftlichen Lebens« zu schaffen. Der »Vergötterung des Ichs« wollte Müller entgegenwirken: durch den besänftigenden Blick auf die Wettersteinwand, durch das Erleben der ohrenbetäubenden Stille des Tals, musikalische Darbietungen und die den Egoismus überwindenden Gemeinschaftserfahrungen bei den Tänzen und den Mahlzeiten. Wer auf die Elmau – so die präpositional korrekte Formulierung der Eingeweihten – kam, suchte in der Regel nach einer undogmatischen, spirituellen Weise, der modernen Welt den Rücken zu kehren und in der Gemeinschaft zu sich selbst zu kommen. Oder in den Worten des Theologen und Historikers Adolf von Harnack (1851 bis 1930), eines Vertrauten Johannes Müllers: »Ein sonniges Tal, weit genug, um keine Gefühle der Enge aufkommen zu lassen, begrenzt genug, um als etwas Geschlossenes, Heimisches empfunden zu werden. Was der Gast hier sucht: Abgeschiedenheit und Stille, gehaltvolle Anregung und Geselligkeit, Ernst und Heiterkeit, in allem aber Freiheit. Nichts wird aufgedrängt, nichts aufgezwungen.«

Es nimmt nicht wunder, dass die Elmau zum Magneten für ernsthafte Geister und für verwirrte Sinnsucher wurde. Bis in die 1990er-Jahre galt das Schloss als Hochburg der Anthroposophie, weil deren Anhänger ihre Jahrestagungen lange Zeit auf dem Schloss abhielten – ein Irrtum, wie Mueller-Elmau betont, denn sein Großvater wusste mit dem anthroposophischen Weltbild nichts anzufangen und vermied jeden Kontakt mit Rudolf Steiner. Dass Johannes Müllers eklektizistisches Weltbild nicht auf gesichertem Fundament stand, zeigte sich während des Nationalsozialismus, als er zum Entsetzen nicht nur seiner jüdischen Freunde Hitler ein »Werkzeug in Gottes Hand« nannte. Müllers Haltung während der NS-Zeit war in vielem widersprüchlich. 1946 wurde er wegen »Verherrlichung von Hitler in Wort und Schrift« als Hauptschuldiger verurteilt, ein umstrittenes Urteil.

1949 starb Johannes Müller; zwei Jahre später, Weihnachten 1951, wurde Schloss Elmau unter der Leitung seiner Kinder, Bernhard Müller-Elmau und der Tochter Sieglinde Mesirca, wiedereröffnet. Während diese sich jahrzehntelang um das künstlerische Programm auf der

»Hier bist du ein geliebter Gast,
auch wenn du keinen Rüssel hast.«
LORIOT

Elmau kümmerte und in den Fünfzigerjahren das Schloss zum weltweit gewürdigten Hort der Kammermusik machte, fungierte ihr Mann Odoardo – von Johannes Müller auf Lebenszeit dazu bestimmt – als Hoteldirektor. Eine Zusammenarbeit mit dem aufstrebenden Dietmar Mueller-Elmau scheiterte in den Achtzigerjahren, sodass dieser sein Geburtsschloss verließ, um in den USA Karriere zu machen, erst 1997 zurückkehrte und schließlich das Schloss pachtete.

Diese Rückkehr zog Revolutionen nach sich. Noch heute trifft man auf »alte Elmauer«, die von jenen Zeiten schwärmen, da das Schloss wenig mit klassischen Grandhotels gemein hatte. Die Gemeinschaftsideale verlangten, dass man sich damals in aller Frühe zum Morgentanz traf, der einzige Fernseher des Schlosses abends nur zum Betrachten der »Tagesschau« in den Teesalon geschoben wurde, für die langen Tische im Speisesaal ausgeklügelte Sitzordnungen entworfen wurden, sich ältere Damen sofort benachteiligt fühlten, wenn sie diesen Tischen nicht vorstehen durften, statt professionellem Personal »Helferinnen« aus besseren Häusern den Service übernahmen, etliche Zimmer den rustikalen Charme bäuerlicher Pensionen besaßen und die Preislisten nicht nur sehr reichen Interessenten zugemutet werden durften. Zum Entsetzen zahlreicher Stammgäste brach Mueller-Elmau mit diesen Elmauer Eigentümlichkeiten. Der »Zwang zur Gemeinschaft« erschien ihm unzeitgemäß; er ließ die großen Tafeln in einem symbolischen Akt in der Mitte durchsägen, verzichtete auf Tischordnungen und stellte die morgendlichen Tanzvergnü-

Berge und Bücher –
eine Liebesbeziehung.

gen alsbald ein. Was der Urklientel des Schlosses wie eine Zerstörung des »Elmauer Geistes« vorkam, sorgte langfristig dafür, dass sich frischer Wind im Bergtal ausbreitete und das Hotel wirtschaftlich überleben konnte.

Die »Hochkultur« sollte, so die offizielle Lesart, nicht mehr als das »Gegenteil von Zivilisation« gelten, sondern als »höchster künstlerischer Ausdruck eines amerikanisch-jüdischen Freiheitsideals«. 1997 hielt der Jazz Einzug in die würdigen Hallen, und kurz darauf sorgten Symposien erstmals dafür, dass sich Politiker und hochkarätige Wissenschaftler aller Disziplinen auf der Elmau großen zeitgeschichtlichen, philosophischen und religiösen Fragen zuwandten. Tagungen wie »Wagner im Dritten Reich« oder »Jenseits des Seins« sorgten 1999 für überregionales Aufsehen, vor allem durch den Vortrag »Regeln für den Menschenpark« des Karlsruher Philosophen Peter Sloterdijk.

Dessen Verbindung zur Elmau spiegelt sich in dem Roman *Toggle* (2012) des Publizisten Florian Felix Weyh wider. Dessen Internetthriller um die Machenschaften eines Konzerns namens Toggle führt auf Schloss Mellau, aus dessen Buchstaben sich fast mühelos der Name seines Modells kombinieren lässt. Dramatische Dinge ereignen sich in der nur scheinbar unberührten Bergwelt; eine Toggle-Angestellte wird gar tot im schwach rauschenden Ferchenbach aufgefunden. Zu den satirischen Momenten des Romans gehört der Auftritt des Sloterdijk-Doubles Reimar Dijkerhoff, der mit seinem »schulterlangen, stets ungewaschen wirkenden Haar« und seiner Blasiertheit die Angestellten in den Wahnsinn treibt und zum Leidwesen der Elmauer Buchhändlerin permanent seine eigenen, schwer verkäuflichen Werke signieren will und sich dabei über das Schaffen seiner Kollegen mokiert.

Ob sich das alles in der Wirklichkeit oder nur im Kopf des Autors so abgespielt hat, wissen wir nicht, und die seit Dezember 2007 auf der Elmau wirkende Buchhändlerin Ingeborg Prager, eine promovierte Literaturwissenschaftlerin, wollen wir – um ihre Dezenz nicht auf die Probe zu stellen – nicht danach fragen. Neben dem opulent-herausragenden, von Silke Zimmermann verantworteten musikalischen Programm sind es die Literaturveranstaltungen, die maßgeblich zur kulturellen Atmosphäre beitragen. Ingeborg Prager ist eine Institution, eine Kennerin mit klarem Urteil, die sich nicht von Bestsellerlisten blenden lässt. Sie traut und mutet ihrer an Literatur interessierten, zahlungskräftigen Kundschaft einiges zu, bietet in den hellen Räumen der Buchhandlung ein eigenständiges, erlesenes Sortiment und sorgt Woche für Woche dafür, dass das Elmauer Publikum die Autorinnen und Autoren erlebt, die den aktuellen Diskurs bestimmen. Mal lädt sie zu Kritikerrunden nach der Frankfurter Buchmesse ein, mal kommen Sibylle Lewitscharoff, Ian McEwan, Zeruya Shalev, T. C. Boyle, Péter Esterházy, John Burnside, Daniel Kehlmann oder Edward St Aubyn zu Lesungen, mal organisiert sie stimmig besetzte Podien, bei denen eine ganze Woche lang Klassiker wie Jean Paul oder Marcel Proust auf dem Prüfstand stehen, und mal gibt sie Lyrikern eine Chance, sich auf der Bühne zu präsentieren.

Diese literarisch-philosophische Ausrichtung gehört zur ungebrochenen Tradition der Elmau. Hermann Bahr, Ricarda Huch, Walter F. Otto und Hans-Georg Gadamer zählen, um nur wenige Namen zu nennen, zu den frühen Stammgästen; später kamen Hans Magnus Enzensberger, Alexander Kluge und Loriot hinzu, der den Umgestaltungen anfänglich sehr skeptisch gegenüberstand, sich dann in der »neuen« Elmau heimisch fühlte und angesichts der Elefanten des Herstellers Andrew Martin, die zum Logo von Schloss Elmau wurden, folgenden Zweizeiler dichtete: »Hier bist du ein geliebter Gast, auch wenn du keinen Rüssel hast.«

Im Oktober 1959 traf sich auf Schloss Elmau die Gruppe 47, ein Jahr, nachdem Günter Grass mit seiner Lesung aus der *Blechtrommel* für Furore gesorgt hatte. Die Elmauer Tagung stand deshalb unter starker Medienbeachtung; schon kurz zuvor auf der Frankfurter Buchmesse war sie Partythema gewesen. Manchem Teilnehmer wie Wolfgang Hildesheimer gefiel das Ambiente nicht (»ich kann einfach meinen widerwillen gegen diese institution nicht überwinden«), während andere bemängelten, dass sich statt der Schriftsteller vor allem Literaturfunktionäre auf der Elmau eingefunden hätten. Dennoch ließ sich die Liste der Auftretenden sehen: Hans Magnus Enzensberger, Uwe Johnson, Reinhard Baumgart, Marcel Reich-Ranicki und Ingeborg Bachmann, die erstmals auf einer Gruppentagung las, gehörten dazu. Einem Bericht des Lektors und späteren Verlegers Klaus Wagenbach zufolge soll es abends in den Gewölben des Schlosses ausgesprochen lebhaft zugegangen sein. Anstatt einen Chagall-Vortrag zu besuchen, seien Verleger der Trunkenheit anheimgefallen und habe Grass den »Pariser Tanzstil« einführen wollen.

2001 knüpfte der Schriftsteller Matthias Politycki gewissermaßen an das an, was die Gruppe 47 ausgemacht hatte. Fünf Jahre lang lud er Jahr für Jahr jeweils rund vierzig Schriftsteller, Verleger, Lektoren und Kritiker auf die Elmau ein, um unter dem angenehm offenen Tagungsthema »Ohne Titel« aktuelle Fragen der Ästhetik und des Literaturbetriebs entspannt zu erörtern. Helmut Böttiger, Christoph Buchwald, Meike Feßmann, Tilman Krause, Hans Pleschinski, Thomas Hettche, Denis Scheck, Alex Capus, Michael Kleeberg oder Ulrike Sárkány waren unter den Diskutanten.

Im Rooftop-Pool: wenn Wasser, Nebel und Ferne miteinander verschmelzen.

Kurz nachdem Matthias Politycki zum fünften Mal auf die Elmau gebeten hatte, schien mit einem Schlag die Schlossgeschichte an ihr Ende gekommen zu sein. Ein vermutlich durch eine defekte Heizdecke ausgelöster Großbrand zerstörte im August 2005 zwei Drittel des Hotels; 350 Feuerwehrleute waren im Einsatz, um das Feuer einzudämmen. Dietmar Mueller-Elmau ließ sich dadurch nicht entmutigen und nutzte die Katastrophe für einen Neuanfang. Nach vierzehnmonatiger Bauzeit wurde Schloss Elmau in ungeahntem Glanz im März 2007 wieder eröffnet, nun als »Luxury Spa & Cultural Hideaway«.

Gewiss, das Schloss Elmau von heute hat mit der Einrichtung, die Johannes Müller 1916 begründete, nicht mehr viel zu tun, und dennoch hat es sich seinen Nimbus bewahrt. Es lädt zu Spaziergängen zum Ferchensee, zur Elmauer Alm oder zum Königshaus am Schachen ein. Bei schlechtem Wetter ist es ohne Mühe möglich, sich zurückzuziehen, in eine Ecke der Restaurants oder in die beiden Bibliotheken. Der Elmau-Gast weiß, dass er jederzeit Anschluss finden kann, und er weiß – was mindestens so wichtig ist –, dass es drinnen oder draußen leicht gelingt, ein verstecktes Plätzchen zu finden. Wo man wieder zu Hanns-Josef Ortheils *Liebesnähe* greift, mit den Romanfiguren im Rooftop-Schwimmbad in die Berge selbst hineinzuschwimmen meint, den raffinierten Wassertisch an der Hotelauffahrt bewundert oder sich wie früher in den weiten Fluren des Hotels verliert: »Das Ganze hier hat etwas Labyrinthisches, in dem er sich erst wieder zurechtfindet, wenn er alle Stockwerke einmal durchlaufen hat. (…) Er weiß wahrhaftig nicht, wo er jetzt landen wird, erst als er erneut um eine Ecke biegt, begreift er, dass er den richtigen, direkten Weg gewählt hat, denn nun sieht er von ferne bereits die großen Glasscheiben der Buchhandlung.« Ein gutes Ziel.

Schloss Elmau – Luxury Spa, Retreat & Cultural Hideaway,
In Elmau 2, 82493 Krün
www.schlosselmau.de

Doktor Shiwago
BOHANE
CHINUA ACHEBE
WOHIN DER WIND UNS WEHT
denk mal!
BRÜDER
WÖLFE
Pierre Lemaitre
ENZENSBERGER TUMULT

FRANKFURTER HOF

STEIGENBERGER FRANKFURTER HOF, FRANKFURT AM MAIN

EIN OFFENER BALKON DER BEL-ÉTAGE

In Anzeigen präsentierte man sich als »Hôtel ersten Ranges«, verwies auf seine 250 Fremdenzimmer mit 350 Betten und betonte, dass »gewöhnliche Beleuchtung, Bedienung und Heizung« nicht eigens berechnet würden.

Manchmal braucht es keine großen PR-Etats und Marketingstrategien, um zu einem Slogan zu kommen, der sich jahrzehntelang bestens einsetzen lässt. Manchmal benötigt man eine glückliche Fügung, manchmal reicht es, wenn ein prominenter Zeitgenosse ein paar rühmende Zeilen zu Papier bringt, die glaubwürdiger wirken als jeder Einfall eines Werbetexters. Thomas Mann hat dieses Kunststück fertiggebracht, als er im Mai 1907 nach Frankfurt kam, um der Uraufführung seines Theaterstücks *Fiorenza* beizuwohnen. Erfolg war diesem nicht beschieden, sodass der 32-jährige Schriftsteller, der sich dank der *Buddenbrooks* bereits einen guten Namen gemacht hatte, den Schmerz durch die Annehmlichkeiten seiner Frankfurter Unterkunft zu lindern suchte. Mann, zeitlebens ein Liebhaber ihm angemessener Hotels, logierte im Frankfurter Hof und äußerte sein Wohlgefallen in einem Brief, den er am 27. Mai 1907 an seinen Bruder

Heinrich schrieb: »Was ein wirkliches ›Grand Hotel‹ ist, habe ich erst jetzt in Frankfurt wieder gesehen, im ›Frankfurter Hof‹: Da weiß man doch, wofür man zahlt, und tut's mit einer Art Freudigkeit.«

Zu dieser Zeit konnte das Hotel am Kaiserplatz bereits auf eine über vierzigjährige Geschichte zurückblicken. Anfang der 1870er-Jahre, als Frankfurt die 100.000-Einwohner-Schwelle überschritten hatte, entstand um den Zeitungsherausgeber Ludwig Sonnemann eine Initiative, der wachsenden Bedeutung der prosperierenden Stadt durch den Bau eines internationalen Anforderungen genügenden Grandhotels Rechnung zu tragen. Man gründete 1872 die Frankfurter Hotel-Actien Gesellschaft und beauftragte das angesehene Architektenduo Mylius und Bluntschli damit, einen Bauentwurf vorzulegen. Dessen Clou war die Idee, die Fassade aufzubrechen und statt einer einförmigen steinernen Front einen Ehrenhof mit Säulen zu integrieren. Dieses »Prinzip des offenen Hofes« folgte nicht wirtschaftlicher Notwendigkeit; man leistete sich diesen Blickfang, ästhetischen Argumenten folgend. Bis heute macht dieser luftige Innenhof dem Hotel alle Ehre und wird von vielen Gästen dem Haupteingang an der Bethmannstraße als Entree vorgezogen.

Am 26. Juni 1876 war es so weit: Der Frankfurter Hof, der damals auch unter dem Namen Grand Hôtel de Francfort firmierte, öffnete seine Tore und begeisterte die geladenen Gäste mit seiner großzügigen Anlage, in deren Zentrum ein 350 Quadratmeter großer Speisesaal und dessen Table d'hôte standen. In Anzeigen präsentierte man sich als »Hôtel ersten Ranges«, verwies auf

Eingedeckt für Gespräche, die sich um Börsenkurse oder Bestsellerränge drehen.

seine 250 Fremdenzimmer mit 350 Betten und betonte, dass »gewöhnliche Beleuchtung, Bedienung und Heizung« nicht eigens berechnet würden.

Das Hotel hielt, was es bei seiner Eröffnung versprach. Es florierte alsbald, zumal es gelang, seinen Komfort auch ausländischen Gästen, etwa aus den Vereinigten Staaten von Amerika, schmackhaft zu machen. Gravierende Einbrüche brachten erst die Hamburger Choleraepidemie von 1892 und der Kurseinbruch der New Yorker Börse im Mai des folgenden Jahres. Auf die daraus resultierenden unbefriedigenden Saisons reagierte man und wandte sich hilfesuchend an einen bereits zu dieser Zeit legendären Hotelier: an César Ritz. Dieser 1850 im Kanton Waadt geborene Schweizer war ein gefragter Reisender in Sachen Hotellerie und bereits in Luzern, Cannes und Baden-Baden erfolgreich tätig gewesen. 1895 pachtete er mit einem Konsortium den Frankfurter Hof; vier Jahre später kaufte er ihn. Ritz, der eng mit dem Meisterkoch Auguste Escoffier zusammenarbeitete, modernisierte mit seinen Ideen den Frankfurter Hof binnen kurzer Zeit und installierte als neuen Direktor den Franzosen Georges Gottlob, den er aus dem 1897 von ihm aus der Taufe gehobenen Hotel Ritz an der Place Vendôme in Paris holte. 31 Jahre wirkte Gottlob als Direktor. 1902 eröffnete das Restaurant Ritz im Frankfurter Hof, ein Jahr bevor César Ritz erkrankte und sein Arbeitspensum stark einschränken musste.

Der Frankfurter Hof ist ein Grandhotel alter Schule. Es hat, wie es sich für einen Geschäftsbetrieb, der den Anschluss an die aktuellen Entwicklungen nicht verlieren will, im Lauf der Jahrzehnte etliche Modernisierungsphasen durchlaufen. Heute verfügt es über 303 Zimmer und Suiten, darunter seit 2013 drei Themensuiten, die nach Goethe, Alfred Hitchcock (der neunmal Gast im Hotel war) und natürlich Thomas Mann benannt sind, einen exquisiten Wellnessbereich, knapp zwanzig Säle und Bankettr äume, das mit einem Michelin-Stern ausgezeichnete Restaurant Français und das beliebte Bistro Oscar*s.

1940 übernahm Albert Steigenberger die Mehrheit der Frankfurter Hof AG; als sein Sohn Egon 1985 starb, wurde das Familienunternehmen in die Steigenberger AG umgewandelt, die seit 2009 im wirtschaftlichen Eigentum des ägyptischen Touristikunternehmers Hamed El Chiaty, Gründer und Eigentümer der Travco Group International, ist. Trotz dieser Eignerwechsel und der Fluktuation auf dem Direktorenposten hat sich der Frankfurter Hof seine gediegene Ausstrahlung bewahrt. Cremige Farbtöne, Kronleuchter, Gemälde in schweren vergoldeten Rahmen, alte Teppiche, Sitznischen, wo Bewerbungsgespräche geführt und Techtelmechtel angebahnt werden, und die Bibliothek sorgen dafür, dass das Hotel seinen Gast in einen Kokon hüllt und von der Außenwelt abschirmt. Unter der Woche prägen Geschäftsreisende das Bild, wohingegen am Wochenende die Einheimischen gern in ihrer »guten Stube« einkehren und sich ein wenig Luxus gönnen.

Wer viel auf Reisen ist und es sich leisten kann, in Grandhotels zu verkehren, sehnt sich nach dem Gleichbleibenden und nach Gesichtern, die man seit vielen Jahren kennt. Der Frankfurter Hof verfügte jahrzehntelang über ein solches Symbol der Konstanz, über seinen Concierge Jürgen Carl, der 1961 seinen Dienst antrat und erst Mitte 2014 als knapp 75-Jähriger aus dem Dienst ausschied. »Seine Seele ist riesengroß und wärmt uns alle«, schrieb Elke Heidenreich über den hochbelesenen Mann, der 2010 seine Erinnerungen unter dem Titel *Der Concierge. Vom Glück, für andere da zu sein* veröffentlichte.

Ihr Verfasser, der nie der Indiskretion nachgibt, erzählt in seinem warmherzigen Buch von zahllosen kuriosen Episoden, die er im Hoteljahrmarkt der Eitelkeiten erlebt hat. Von Gästen zum Beispiel, die den Fernseher aus ihrem Zimmer sorgfältig verpacken und nach Hause mitnehmen wollen, die auf dem üppigen Frühstücksbüfett nichts mehr als einfache Mettwurst vermissen oder vor Wut schnaubend mit einem Kristallaschenbecher nach dem Concierge werfen.

Carls Memoiren, die vor allem davon handeln, wie es gelingt, den nicht immer unkomplizierten Hotelgästen jeden noch gar nicht zu Ende gedachten Wunsch von den Augen abzulesen, kulminieren in den Oktobertagen der Frankfurter Buchmesse, wenn das Hotel, so Carl, zum »Nabel der Literatenwelt« wird. 1949 kehrte die Buchmesse nach

Frankfurt zurück – ein Glücksfall für den Frankfurter Hof, der sich in diesen Tagen in einen wild umschwärmten Bienenstock verwandelt. Die Vorbereitungen dafür dauern Wochen. Die Mitarbeiter werden auf alle Eventualitäten eingestimmt, auf alle erdenklichen Eigenarten und Sonderwünsche der Schriftsteller, Schauspieler und Politiker, die das Glück haben, im Frankfurter Hof einquartiert zu werden.

Gewiss, die Buchbranche scheint ihre wildesten Zeiten hinter sich zu haben, damals, als die Jagd nach Bestsellern zu horrenden Vorschusssummen führte und sich Verleger und Agenten nachts in den Armen lagen und millionenschwere Deals besiegelten. Heute sind die Möglichkeiten für Vabanquespieler geringer geworden, doch immer noch neigen die Akteure des Literaturbetriebs, jene »phantastischen, weltoffenen und kultivierten Leute« (Jürgen Carl), dazu, eine Buchmessenwoche lang ihr Handeln nicht allein von der Vernunft bestimmen zu lassen.

Schon vor der offiziellen Messeeröffnung sitzen Agenten, Verleger und Lektoren im Frankfurter (und auch im Hessischen) Hof zusammen und diskutieren darüber, was die Highlights der nächsten oder übernächsten Saison sein könnten. Manuskripte, nach denen im Frühjahr kein Hahn krähen würde, gewinnen, von den Agenten geschickt befeuert, im Messetrubel eine ungeahnte Bedeutsamkeit. Plötzlich scheint es, als könnte jeder kalifornische Schmonzettenautor die legitime Nachfolge von Nicholas Sparks antreten und als wäre mit der vom Agenten zugeraunten Formel »It's like Jussi Adler Olsen meets Stephen King« ausgerechnet unter den Arkaden des Frankfurter Hofs der kommende Megathriller zu entdecken.

Prominente Schriftsteller und solche, die dafür gehalten werden wollen, drängen darauf, im Frankfurter Hof untergebracht zu werden – was immer eine Nacht während des Messeausnahmezustands kosten mag. Je später der Abend, desto intensiver rückt die sagenumwobene Autorenbar des Hotels in den Mittelpunkt, wohin man vermeintlich nur auf einen Absacker von den Empfängen und Diners zurückkehrt. Hier geht es darum, die Verhandlungen so lange fortzusetzen, bis die von

> »Da weiß man doch, wofür man zahlt,
> und tut's mit einer Art Freudigkeit.«
> THOMAS MANN

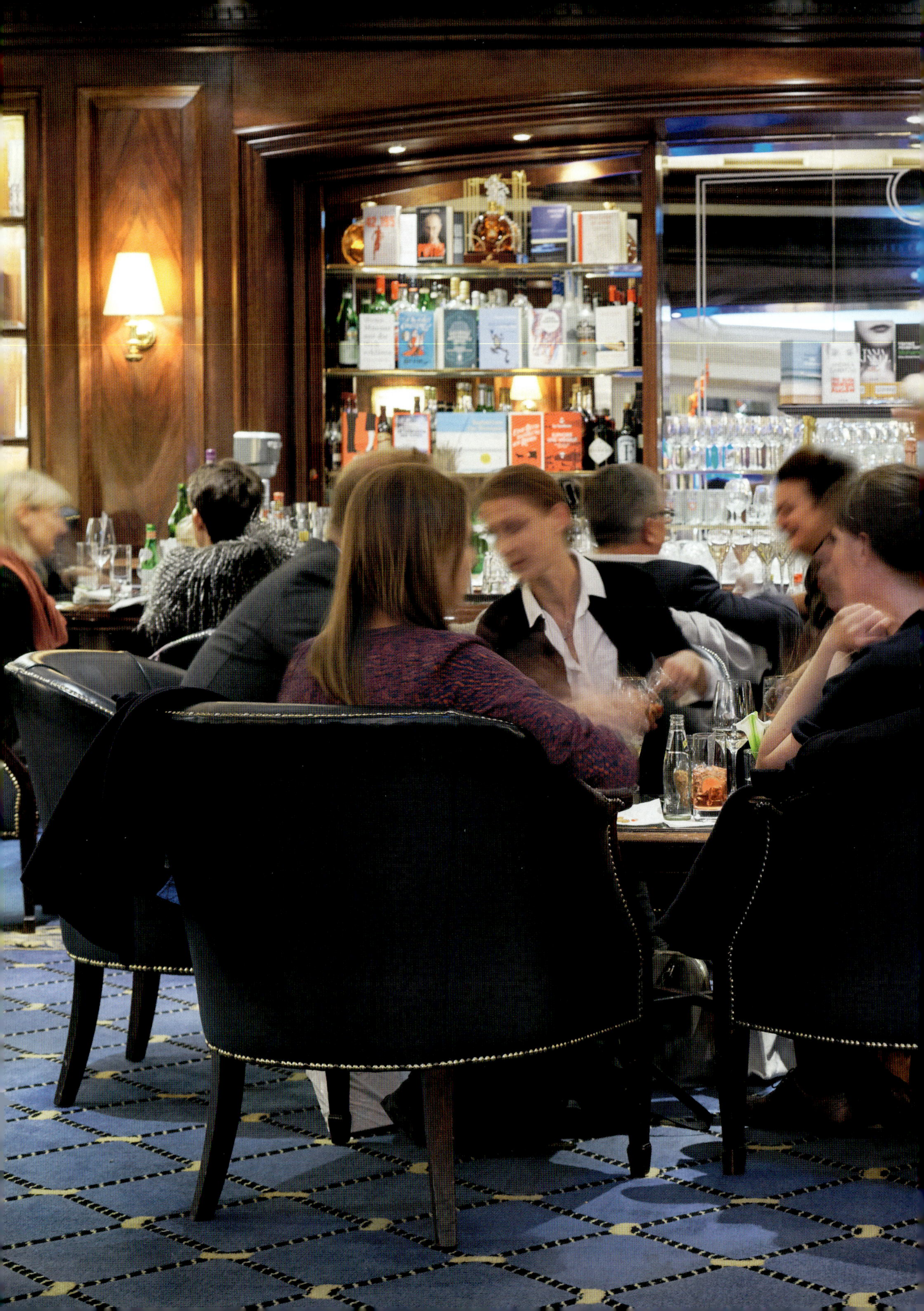

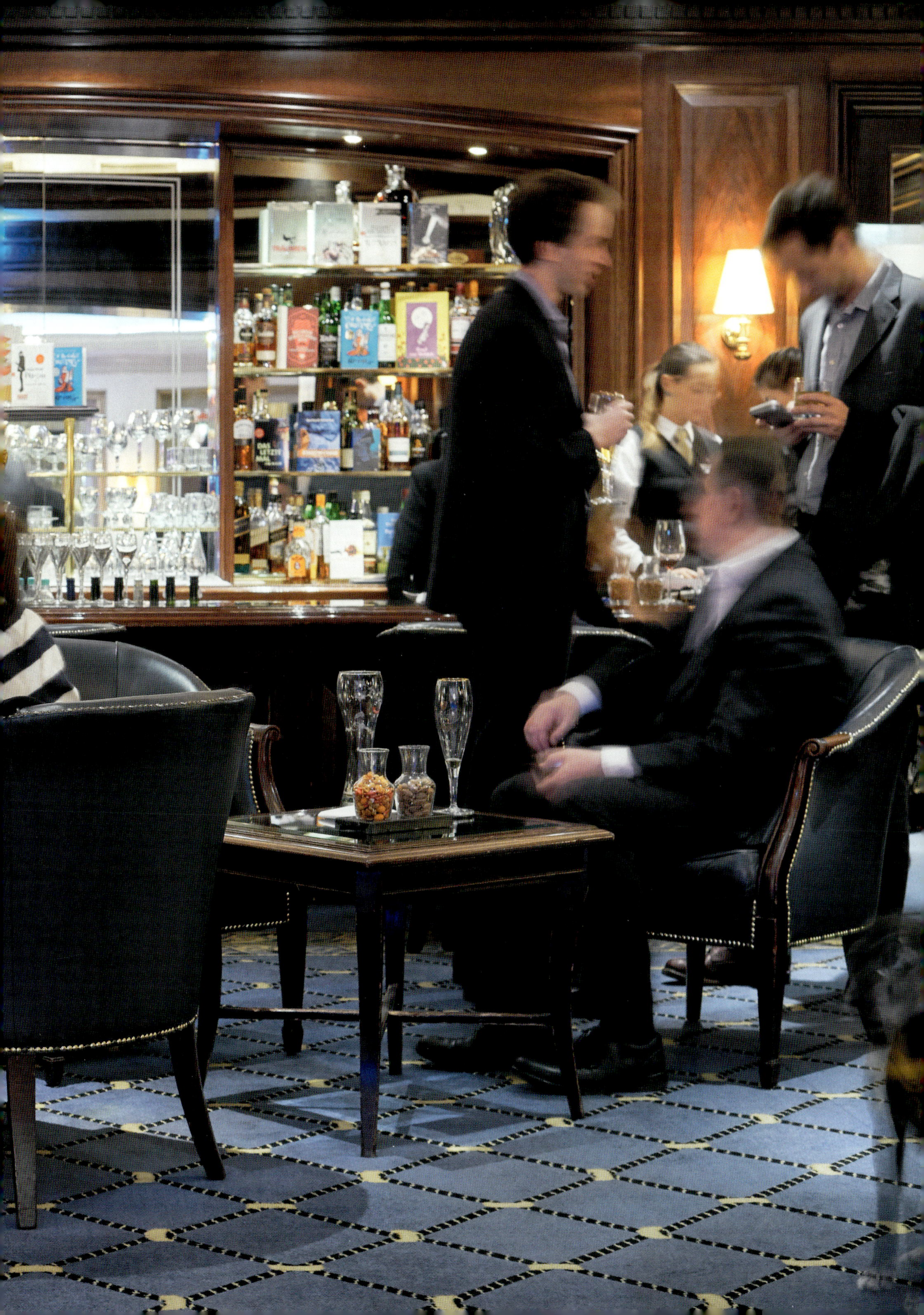

Cocktails vernebelten Sinne es nicht mehr erlauben; hier geht es darum, gesehen zu werden und sich im Auge des Literaturtaifuns zu wähnen, und hier ist, wie es der Hotelhistoriker Andreas Augustin beschrieb, kein normaler Geschäftsbetrieb mehr möglich: »Ein im Vorfeld der Hotelhalle errichteter Stützpunkt für Wein und Bier ist hoffnungsvoll belagert. Es ist laut, Hunderte, Tausende Menschen befürchten, dass es morgens nichts mehr zu trinken gibt.« Und selbstverständlich ist das auch der Ort für zaghafte oder ungestüme Flirts, die mitunter im Zeichen völliger Verschwiegenheit in den gut gefederten Hotelbetten enden. Diese in der Buchbranche durchaus verbreiteten Annäherungsformen sind übrigens nicht in allen Frankfurter Kreisen gern gesehen – wie der englische Romancier Julian Barnes notierte: »Die Frankfurter Taxifahrer sollen die jährliche Buchmesse nicht mögen, weil das Literaturvolk sich nicht wie die angesehenen Mitglieder anderer Berufe zu Prostituierten fahren lässt und stattdessen lieber in seinen Hotels bleibt und dort miteinander schläft.«

Wie fremd manchem Uneingeweihten die nächtlichen Gebräuche an der Autorenbar erscheinen mögen, hat der in Moskau geborene Wladimir Kaminer in *Mein deutsches Dschungelbuch* festgehalten: »Abends gehen sie in den Frankfurter Hof, trinken und warten. Die Literaturagenten warten, bis die deutschen und ausländischen Verleger genug intus haben, um ein paar Bücher unbekannter deutscher Autoren einzukaufen. Die Verleger warten darauf, dass die Agenten sich betrinken. Sie versprechen sich dann bessere Konditionen beim Kauf der vermeintlichen Bestseller des kommenden Jahres. Diese Strategie geht aber selten auf. Bis Mitternacht bleiben alle fit, dann stürzen sie gleichzeitig dermaßen ab, dass man schon nichts mehr kaufen, geschweige denn verkaufen kann. Die wenigen Autoren, die dabei sind, betrinken sich aus Solidarität und um nicht aufzufallen.«

Kein anderes Hotel hatte – Buchmesse sei Dank! – so viele Autoren von Weltrang unter seinen Gästen, die Friedenspreisträger des Deutschen Buchhandels eingeschlossen, die, nachdem sie am Sonntagvormittag in der Paulskirche ausgezeichnet werden, zumeist zu einem festlichen Mittagessen im Frankfurter Hof zusammenkommen. Natürlich kehren, wie es sich für ein Grandhotel gehört, hochrangige Politiker, weltberühmte Sänger und Schauspieler und millionenschwere Industrielle im Frankfurter Hof ein, doch die opulente Gästeliste besticht zuerst durch ihr literarisches Renommee: Ilse Aichinger, Hannah Arendt, Ingeborg Bachmann, Patricia Cornwell, Leon de Winter, Donna Leon, Friedrich Dürrenmatt, Ken Follett, Cornelia Funke, Günter Grass, Peter Handke, Patricia Highsmith, Elfriede Jelinek, Henning Mankell, Otfried Preußler, Joachim Ringelnatz, Gore Vidal, Patrick White, Carl Zuckmayer – sie alle waren da, und Jahr für Jahr kommen neue Autorinnen und Autoren hinzu.

Nicht in den offiziellen Annalen steht übrigens eine Frau, die während der Wirtschaftswunderzeit nicht nur in Frankfurt für gewaltige Turbulenzen sorgte: Rosemarie Nitribitt. Die Edelprostituierte, die Kontakt zu vielen Größen der Bundesrepublik hatte, ging im Frankfurter Hof ein und aus, wenn sie nicht in ihrem schwarzen Mercedes mit roten Ledersitzen gegenüber auf dem Kaiserplatz wartete. Im Oktober 1957 fand man sie ermordet in ihrer Wohnung – einer der spektakulärsten, nie aufgeklärten Kriminalfälle der Bundesrepublik. Rolf Thieles Film *Das Mädchen Rosemarie* (mit Nadja Tiller in der Hauptrolle) aus dem Jahr 1958 durfte nicht im Frankfurter Hof gedreht werden.

Frankfurts großes Herz – mit Platz für Kronleuchter und Bankentempel.

Kein Wunder also, dass Schriftsteller, die Tage und Wochen in einem stark frequentierten Hotel verbringen, ihre dort gesammelten Eindrücke in Autobiografien oder Romanen verewigen. Johannes Mario Simmels *Der Stoff, aus dem die Träume sind* spielt im Restaurant Français; Christian Krachts Ich-Erzähler in *Faserland* erholt sich von seinen Strapazen in einer Badewanne des Frankfurter Hofs, und zum Glück beließ es auch Thomas Mann nicht dabei, das Hotel brieflich zu preisen. Im Juli 1949 kehrte er aus dem amerikanischen Exil erstmals wieder nach Deutschland zurück, um den Goethepreis entgegenzunehmen. Selbstverständlich logierte er im Frankfurter Hof, der nach den schweren Zerstörungen durch die Bombenangriffe auf Frankfurt seinen Betrieb gerade wieder aufgenommen hatte. Seine vor dem Ersten Weltkrieg begonnenen und nach dem Zweiten Weltkrieg fortgesetzten unvollendeten *Bekenntnisse des Hochstaplers Felix Krull* lassen seinen mittellosen Protagonisten ehrfurchtsvoll auf die Auslagen der Frankfurter Ladengeschäfte starren. Sein Weg führt ihn schließlich zum Frankfurter Hof, wo er die Pracht aus der Distanz bewundert: »Der Schauplatz war zu meinen Häupten: ein offener Balkon der Bel-Étage des großen Hotels Zum Frankfurter Hof. Auf ihn traten – so einfach war es, ich entschuldige mich – eines Nachmittags zwei junge Leute, jung wie ich selbst es war, Geschwister offenbar, möglicherweise ein Zwillingspaar – sie sahen einander sehr ähnlich – Herrlein und Fräulein, miteinander ins winterliche Wetter hinaus. Sie taten es ohne Kopfbedeckung, ohne Schutz, aus purem Übermut.« Knapp zwei Minuten nur dauert diese Szene im *Felix Krull*; dann zieht sich das Paar »leicht überseeischen Ansehens« fröstelnd in seine Gemächer zurück. Das Gesehene bleibt freilich im Beobachter haften, weckt »Liebesträume, Träume des Entzückens und des Vereinigungsstrebens«. Offenkundig lohnt es sich, die Balkone des Frankfurter Hofs nicht nur beiläufig in Augenschein zu nehmen.

Steigenberger Frankfurter Hof,
Am Kaiserplatz (Eingang: Bethmannstraße 33), 60311 Frankfurt am Main
www.steigenberger.com/Frankfurt/Steigenberger-Frankfurter-Hof

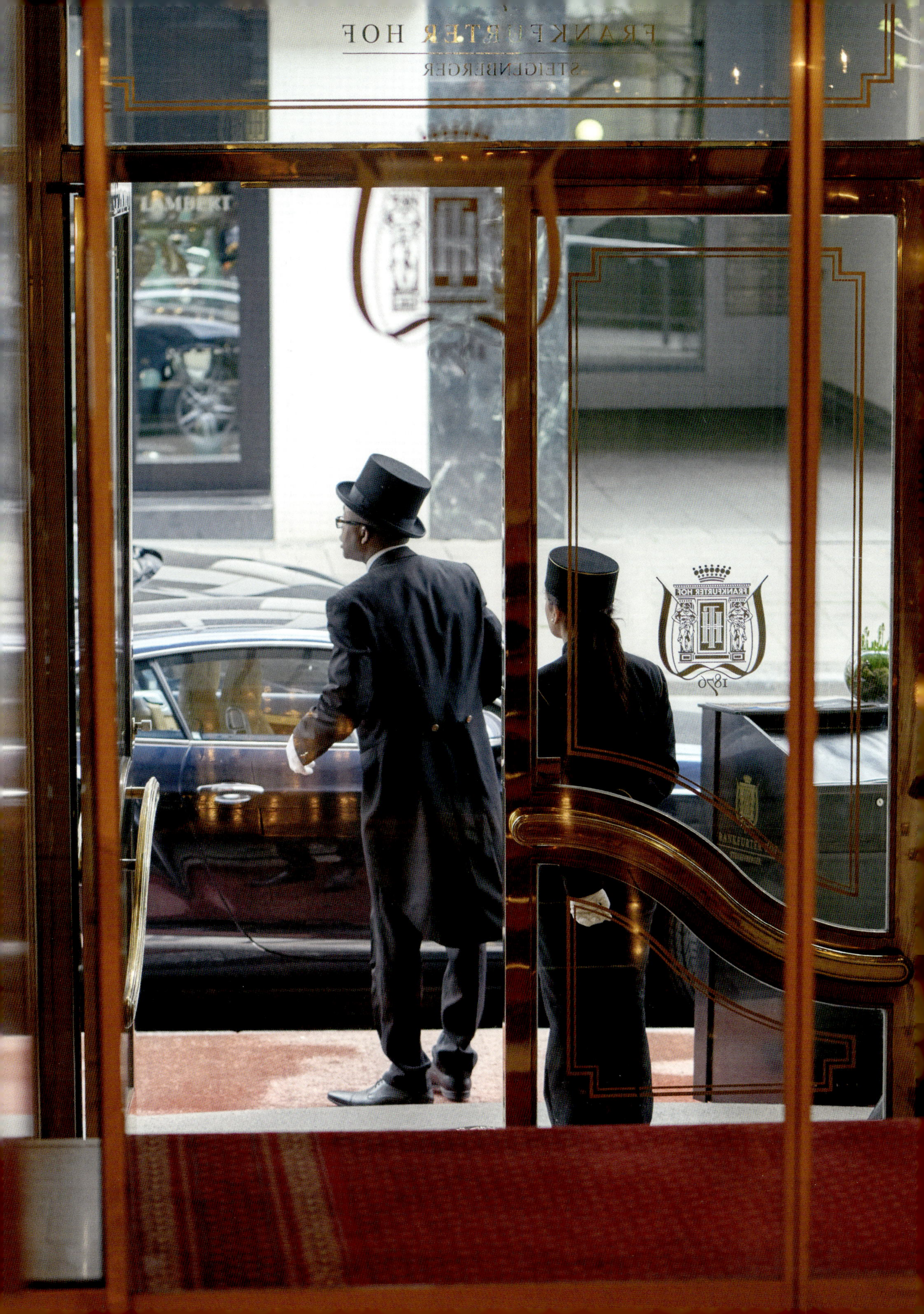
FRANKFURTER HOF
STEIGENBERGER
1876

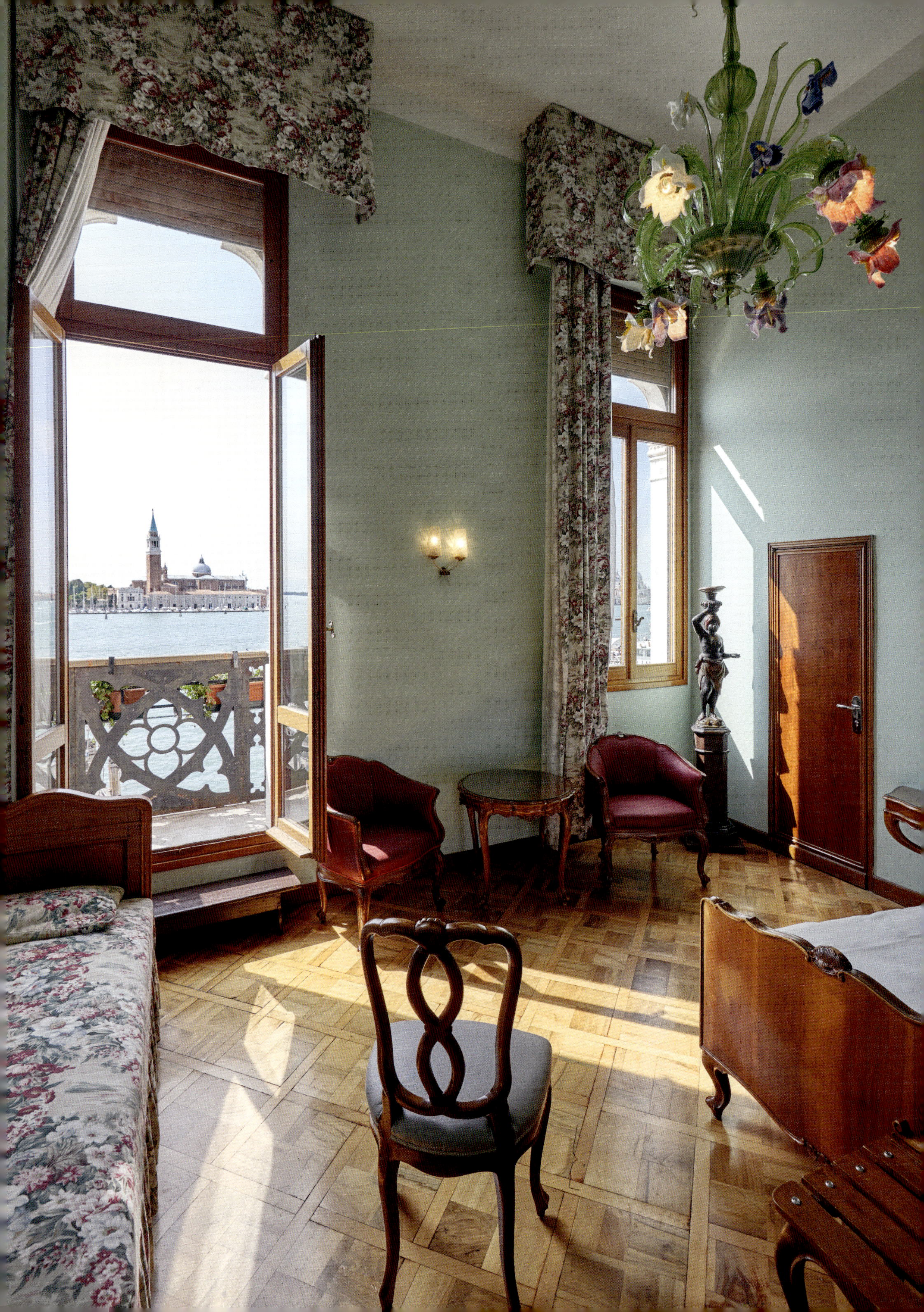

HOTEL GABRIELLI, VENEDIG
EIN ABSCHIEDSBRIEF

Vom großzügig vorhandenen literarischen Kuchen Venedigs hat das Gabrielli ein schönes Stück abbekommen – und Cineasten werden seine markante Balkonfront als Filmkulisse mühelos wiedererkennen.

Natürlich zu Wasser. Wer auf Venedigs Flughafen Marco Polo landet, sollte nichts anderes tun, als ein Vaporetto der Alilaguna-Linie besteigen und auf dem Wasserweg bis zur Station Arsenale fahren. Von dort sind es nur wenige Schritte bis zum Hotel Gabrielli an der Riva degli Schiavoni, das in einem Palazzo aus dem 14. Jahrhundert untergebracht ist. Von den 85 Zimmern des 4-Sterne-Hauses bieten 27 einen überwältigenden Blick über die Lagune hinüber nach San Giorgio Maggiore mit seiner Kirche und Richtung Osten zur Basilica di Santa Maria della Salute und zur Öffnung des Canal Grande.

Ja, gewiss, man meint all das bestens zu kennen, von Fotografien, Gemälden und Reiseberichten, und ja, es gehört sich nicht, bei Sonnenuntergängen in Venedig ins Schwärmen zu geraten und Heinrich Heines Spöttelei »Mein Fräulein! Sein Sie munter, / Das ist ein altes Stück; /

»Er stand nur da, den Kragen hochgeschlagen
gegen die eisige Kälte und sah
zu den Fenstern des *Sandwirth* hinauf.«
CORNELIA FUNKE

Hier vorne geht sie unter / Und kehrt von hinten zurück« zu verdrängen. Und dennoch: Als ich das Glück habe, von einem der privilegierten Zimmer des Gabrielli das von naturwissenschaftlichem Standpunkt aus gesehen so simple Phänomen eines italienischen Sonnenuntergangs zu bestaunen, fühlte ich mich minutenlang aus allen Beschränkungen herausgehoben, eins mit der Welt.

Von oben auf die breite Promenade zu blicken, hat zudem den Vorteil, sich die Touristenströme auf Distanz halten zu können. Denn Venedig in der Hochsaison zu erleben und sich wie in einer Viehherde zur Rialto-Brücke oder zum Markusplatz schieben zu lassen ist eine Zumutung, die, seitdem die großen Kreuzfahrtschiffe unweit der Altstadt anlegen, noch größer geworden ist. Da hilft nur, darauf zu setzen, dass das Gros der Venedig-Enthusiasten brav den Hauptachsen der Stadtdurchquerung folgt, und sich in die verwaisten Seitengässchen zu schlagen. Oder, noch einfacher, man genießt die gelassene Abgeschiedenheit des reizvoll verwinkelten Gabrielli, das mit seinem venezianischen Mobiliar und seinen Kronleuchtern aus Muranoglas selbstbewusst-unprätentiös Tradition verkörpert.

»A family affair since 1856« lautet der Slogan des Hotels, das seit Generationen von den aus Tirol stammenden Perkhofers betrieben wird. Heute ist der über achtzigjährige Andreas Perkhofer im Tagesgeschäft weiterhin präsent und erzählt in liebenswürdiger Weise davon, wie aus dem Palazzo ein inzwischen unter Denkmalschutz stehendes Hotel wurde, dass die Gästezahl in den Jahren der Kunstbiennale in die Höhe schnellt und was es mit dem Hotelnamen auf sich hat. Erst seit 2011 firmiert das Hotel nur noch als »Gabrielli«, nachdem es zuerst als »Sandwirth« – nach dem Geburtshof des Tiroler Freiheitskämpfers Andreas Hofer – und dann unter dem Doppelnamen »Gabrielli Sandwirth« bekannt war. Andreas Perkhofers Töchter Francesca Rosenberger und Johanna Perkhofer führen heute die Geschäfte gemeinsam weiter und modernisieren das Hotel behutsam, ohne es seiner Wurzeln zu berauben.

Venedig und die Literatur, das ist eine unendliche Geschichte. Seit alters zog es Künstler aller Sparten in die vom schleichenden Untergang bedrohte Stadt – sei es, um die Paläste, die Museen, das Licht, das Morbide oder die Magie schlechthin zu inhalieren, oder um, wie Marcel Proust in *Auf der Suche nach der verlorenen Zeit*, eine Reise nach Venedig als Reise ins eigene Unbewusste zu unternehmen.

Die Liste derjenigen Schriftsteller, die dem Reiz Venedigs erlagen, ist unermesslich und bietet immer wieder aufs Neue Stoff für Habilitationen und Dissertationen. Allein die deutschsprachige Venedig-Literatur des 19. und 20. Jahrhunderts umfasst klangvolle Namen wie Johann Gottfried Seume, Johann Wolfgang von Goethe, Heinrich Heine, Franz Grillparzer, Paul Heyse, Hugo von Hofmannsthal oder Stefan George – nicht zu schweigen von August von Platen, der 1824 in die Stadt kam und dessen Verse »Ich steig' ans Land, nicht ohne Furcht und Zagen, / Da glänzt der Markusplatz im Licht der Sonne: / Soll ich ihn wirklich zu betreten wagen?« großen Einfluss ausübten. Und natürlich dürfen wir Thomas Manns *Tod in Venedig* nebst Luchino Viscontis Verfilmung nicht vergessen, jene Novelle, deren Schauplatz, das Hôtel des Bains am Lido, 2010 tragischerweise schloss und in einen Apartmentkomplex umgebaut wurde.

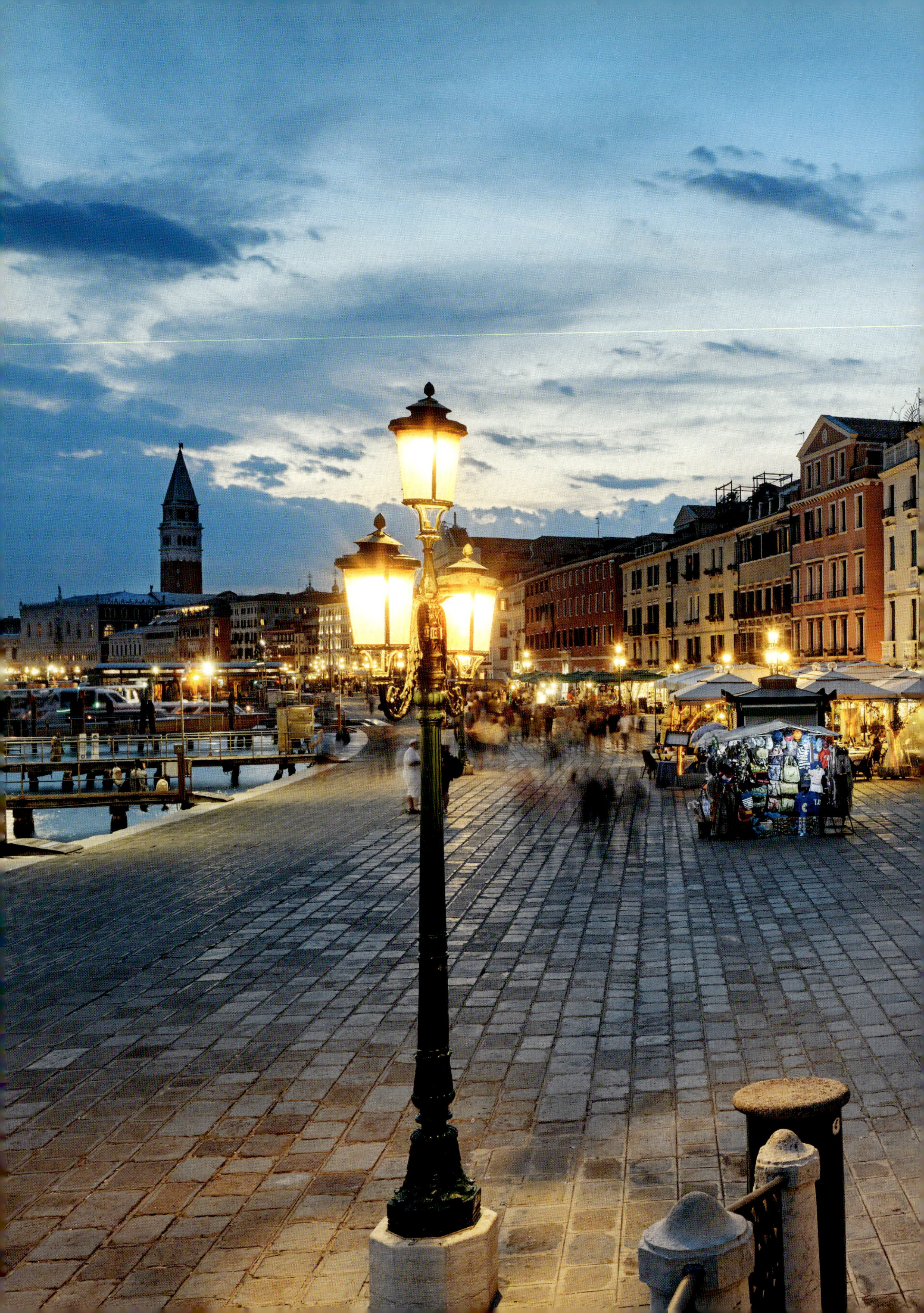

HOTEL GABRIELLI

GABRIELLI
SANDWIRTH

Vom großzügig vorhandenen literarischen Kuchen Venedigs hat das Gabrielli ein schönes Stück abbekommen – und Cineasten werden seine markante Balkonfront als Filmkulisse mühelos wiedererkennen, etwa in Nicolas Roegs *Wenn die Gondeln Trauer tragen* und in Paul Schraders Ian-McEwan-Adaption *Der Trost von Fremden*. In erster Linie freilich ist es ein Brief, der das Hotel ein kleines Stück Literaturgeschichte schreiben ließ. Im September 1913 kam Franz Kafka von Triest nach Venedig, nach einer turbulenten Schiffspassage von Übelkeit geplagt und zugleich begierig darauf, sich in die Stadt »hineinzuwerfen«. Unterkunft nimmt Kafka im Hotel Sandwirth, wo er, wie es besonders einfühlsame Biografen wissen wollen, seinen Aufenthalt dazu nutzte, auf seinem Zimmer über sein Leben zu grübeln. Eine Einschätzung, die Reiner Stach in *Kafka. Die Jahre der Entscheidungen* nicht teilt: »Wir wissen nicht, was er vier oder fünf Tage lang in Venedig tat und warum er länger blieb als geplant.«

Immerhin: Kafka bekam Post von Felice Bauer; er antwortete ihr am 15. September 1913 auf dem feinen, die Fassade vom Wasser aus wiedergebenden Briefpapier des Hotels. Einen Schlussstrich wollte Kafka unter diese Beziehung setzen: »Ich bin hier allein, rede fast mit keinem Menschen außer den Angestellten in den Hotels, bin traurig, dass es fast überläuft.« Er schließt, nachdem er »aus dem Bett in den klaren, venezianischen Himmel« gesehen hat, mit einem Eindeutigkeit verheißenden Satz: »Wir müssen Abschied nehmen«, der jedoch keinerlei eindeutige Folgen hat: Erst 1917 werden sich die beiden nach langem Hin und Her endgültig trennen.

Einhundert Jahre später, im September 2013, lud das Hotel Gabrielli zu einer Matinee ein, um an diesen Brief zu erinnern. Der Verleger und Kafka-Experte Klaus Wagenbach ließ dabei Kafkas italienische Reise Revue passieren;

der in Venedig lebende Schauspieler und Autor Ulrich Tukur las ausgewählte Textstellen. Kafkas kurze Zeit in Venedig (und der Briefkopf des Sandwirth) fand Niederschlag in *Dr. K.s Badereise nach Riva*, einem Text, den W. G. Sebald 1994 in seinen Band *Schwindel. Gefühle.* integrierte. Auch Sebald verfügte nicht über detaillierte Kenntnisse dessen, was Kafka in Venedig unternahm, und vertraute so seiner Fantasie: »Dr. K. bleibt also im Hotel. Gegen Abend, in der Dämmerung der Halle, schreibt er neuerdings an Felice. Davon, dass er sich in der Stadt umtun wolle, ist jetzt nicht mehr die Rede. Stattdessen, hastig aneinandergereiht unter dem Briefkopf des Hotels mit den hübschen Dampfseglern, Anmerkungen zu seiner Verzweiflung.« Wir glauben das sofort und gehen heute deshalb mit anderen, wacheren Augen durch die Halle des Gabrielli.

Und wer nächtigte sonst noch im Gabrielli Sandwirth? Walter Benjamin zum Beispiel, der in seinen *Selbstzeugnissen* davon berichtet, wie er im Sandwirth wohnt, ein »spärliches Abendbrot« zu sich nimmt, unter dem »ermüdenden Laufen und Suchen« leidet, »(ausnahmsweise und zum letzten Male) in unserem Hotel schlecht und teuer« speist und sich schließlich mit einem Gondoliere streitet, der eine unangemessene »Mehrforderung« stellt. Komplikationen anderer Art erlebte Ernst Jünger, als er 1983 zusammen mit seiner Frau im Gabrielli nächtigte. Im dritten Teil seiner Tagebücher *Siebzig verweht* erzählt er von einer nächtlichen Verwirrung, die wir dem fortgeschritte-

Eine Seltenheit in Venedig: der hoteleigene Garten mit Wein und Palmen.

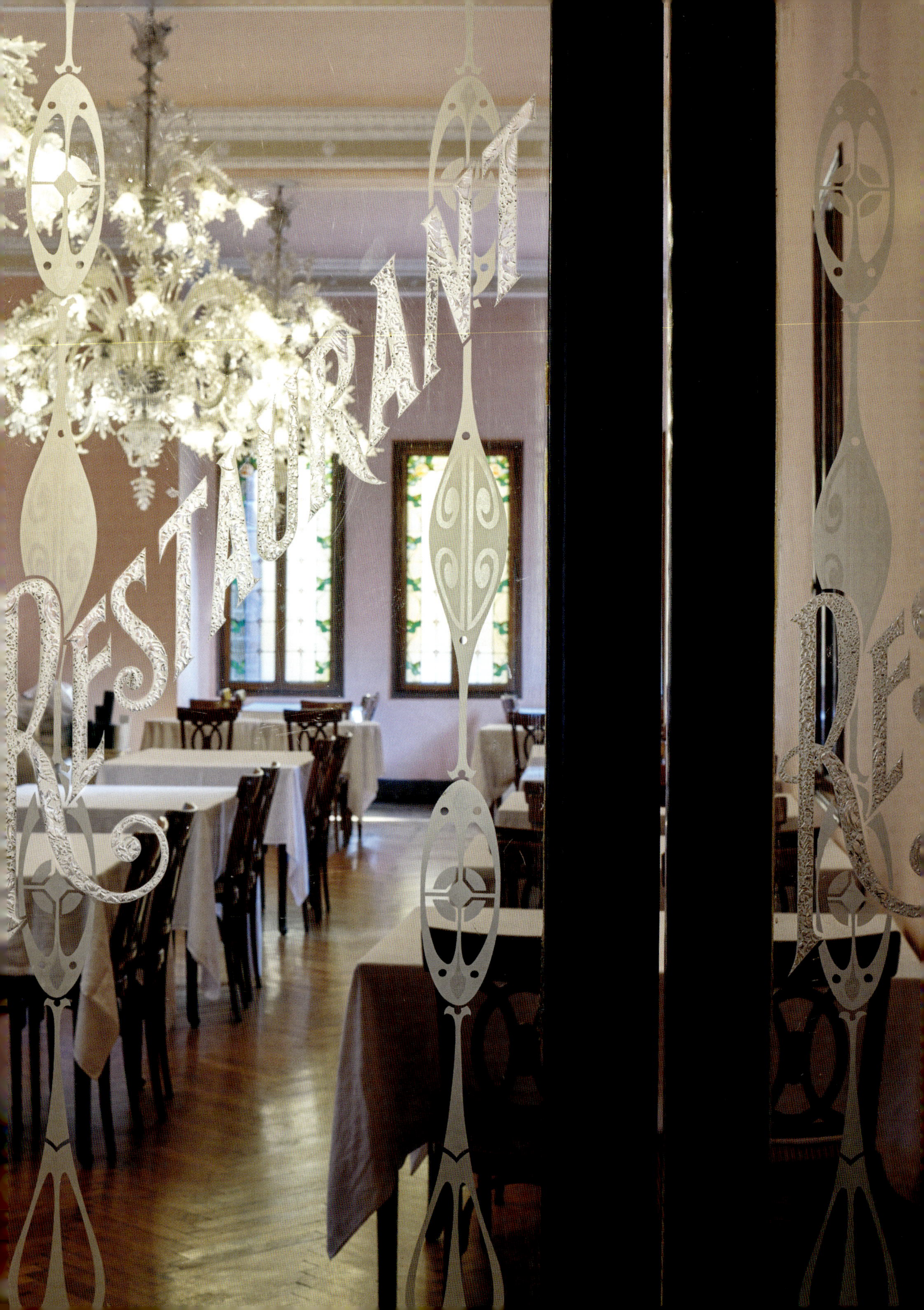
RESTAURANT

nen Alter des Dichters oder den irisierenden Reizen der Stadt zuschreiben dürfen, als er sich vom Concierge den Zimmerschlüssel 333 reichen lässt: »Der Mann sah mich merkwürdig an. Ich war abwesend; die Bilder der Galleria gingen mir noch durch den Kopf. So wunderte es mich wenig, dass der Fahrstuhl auf der anderen Seite der Halle lag; wahrscheinlich gab es mehrere. Auch das Zimmer hatte sich verändert – es mussten neue Gäste eingezogen sein. Die Koffer waren halb geöffnet, Schmuck lag auf dem Tisch. Vielleicht war ich in der falschen Etage – am besten ginge ich noch einmal hinunter, um die Fenster von außen anzusehen. Der Vorsicht halber gab ich den Schlüssel wieder ab. Draußen entdeckte ich, dass ich nicht in das Gabrielli gegangen war, sondern mich in das Danieli verirrt hatte.«

Das seit den 1860er-Jahren (sporadisch) geführte Gästebuch belegt, dass das Hotel seit jeher Anziehung auf Gelehrte und Künstler ausübte. Deren Zeichnungen, Noten und Gelegenheitsverse schmücken die Seiten. »Thiermaler« Ernst Haeckel etwa logierte im Sandwirth, der Altonaer Musikprofessor Carl Holländer, die dem Nationalsozialismus nahestehenden Autoren Richard Billinger und Hermann Claudius, die 1938/39 nach Venedig reisten, der Schauspieler Rudolf Platte, der aus Marseille stammende Maler Raymond Allègre, der sein Bild *Le Pont de la paille et l'hôtel Gabrielli* als Andenken an seinen Aufenthalt hinterließ, sowie seine Kollegen Giuseppe Novello, Hervé Fenouil, William Weber aus Kansas City, der einen *Wild American* fürs Gästebuch malte, und André Hambourg, der sich seit 1957 über ein Dutzend Mal im immer gleichen Zimmer des Gabrielli einmietete und die Stadt in zahllosen Gemälden und Zeichnungen festgehalten hat.

Der Kunsthistoriker Werner Spies, der Jurist und Kunstförderer Peter Raue, der Filmemacher Wim Wenders … auch sie schätzen die bedächtige, aufgeräumte Atmosphäre nah der Lagune. Und nicht vergessen werden darf eine der erfolgreichsten deutschen Autorinnen der letzten Jahrzehnte, die mittlerweile in den USA lebende Kinder- und Jugendbuchautorin Cornelia Funke. Sie ist mit Francesca Rosenberger befreundet, kommt regelmäßig ins Gabrielli und hat diesem liebenswerten Ort in ihrem – auch zu Filmehren gekommenen – Roman *Herr der Diebe* (2000) ein Denkmal gesetzt. Quer durch Venedig führt die abenteuerliche Geschichte der Geschwister Bo und Prosper. Im tiefen Winter folgen wir ihnen und dem Privatdetektiv Victor Getz, der das Gabrielli betritt und vom Blick auf die Lagune so bewegt ist, dass er einen »Stich ins Herz« verspürt, und wir stehen beeindruckt an der Riva degli Schiavoni: »Zahllose Schiffe liefen die Anlegestellen an, es war ein einziges Kommen und Gehen. Prosper hörte, wie der Wind die Schiffe gegen die Anlieger trieb, wie sie dumpf gegen das Holz prallten, er hörte die vorbeigehenden Menschen lachen und reden, in unzähligen Sprachen, aber er stand nur da, den Kragen hochgeschlagen gegen die eisige Kälte und sah zu den Fenstern des *Sandwirth* hinauf.«

Bei ihren Besuchen hat es sich Cornelia Funke mit Sicherheit nicht nehmen lassen, zwei der Wahrzeichen des Gabrielli in Augenschein zu nehmen: die über den Dächern der Stadt liegende winddurchwehte Terrasse, von der aus man meint, ganz Venedig im Blick zu haben. Hier oben seinen Geburtstag oder seine Hochzeit zu feiern, an weiß gedeckten Tischen … Und sicher hat Cornelia Funke auch den ruhigen Hotelgarten besucht, ein schmales Geviert mit Palmen und Marienschrein. Dass das »außerordentlich angenehme Gabrielli Sandwirth« über »einen eigenen Garten« verfüge, sei eine »Rarität« in Venedig, schreibt der Jurist und Schriftsteller Herbert Rosendorfer 1993 in *Venedig. Eine Einladung.* Eine von mehreren Raritäten in diesem Hotel.

Hotel Gabrielli, Riva degli Schiavoni 4110, 30122 Venedig, Italien
www.hotelgabrielli.it

Vom Balkon hinüberblicken zur Basilica di Santa Maria della Salute und zum Canal Grande.

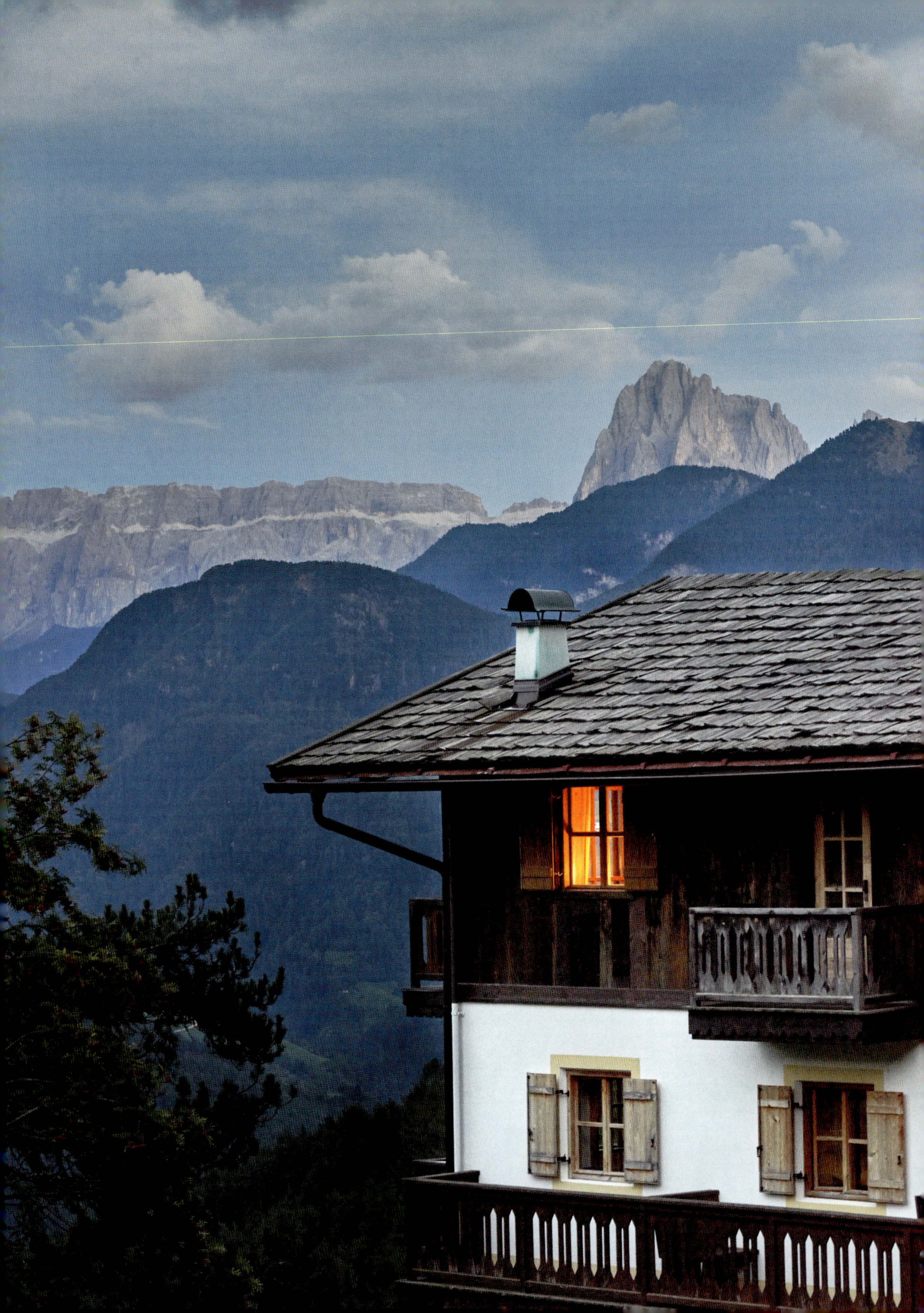

GASTHOF BAD DREIKIRCHEN, BARBIAN

REIZVOLLE LAGE, GUTE PENSION

Dreikirchen-Urlaube gehorchen festen Ritualen: vom Frühstück auf der Holzveranda über das bodenständige Abendmenü mit Artischockengröstl, Schlutzkrapfen, Steinpilzsoufflee und Marillenknödel bis hin zum letzten abendlichen Glas Lagrein dunkel auf der Holzveranda.

Mit dem Auto bis zur Eingangstür vorfahren, womöglich darauf warten, dass dienstbare Geister herbeieilen, um die Koffer an sich zu reißen, und einen zur Rezeption begleiten? Nichts davon ist möglich, nichts davon wird geschehen, wenn man sich entscheidet, die Sommerfrische im Berggasthof Bad Dreikirchen zu verbringen. Denn wer über den Brenner mit dem Wagen anreist, von Brixen kommend, nach rechts abbiegt, die Kehren hinauffährt bis nach Barbian und dessen erstaunlich schiefen Kirchturm passiert, darf nicht darauf hoffen, bis vor die Hotelhaustür zu fahren. In der Nähe des Barbianer Sportplatzes wird das Auto auf einem abschüssigen Wald-und-Wiesen-Parkplatz am Unterbalwitter Hof abgestellt, und alle mit Gepäck beladenen Ankömmlinge wissen, dass sie die letzten zweihundert Höhenmeter nach Dreikirchen besser nicht zu Fuß, sondern mit dem altgedienten Toyota Land Cruiser des Taxibetriebs Torggler zurücklegen.

Drei Kirchturmspitzen – und niemand weiß mit Sicherheit zu sagen, warum es so viele sind.

Vor allem sonntags beim Bettenwechsel floriert das Geschäft des Familienbetriebs, und dem glücklichen Urlauber ist es beschieden, vom Seniorchef persönlich über Stock und Stein in den auf 1120 Metern gelegenen Gasthof gefahren zu werden. Mit seinem blauen Südtiroler Schurz, dem wetterzerfurchten Gesicht, dem verschmitzten Lachen und dem skeptisch freundlichen Blick, der sofort erfasst, mit welcher Art von Gästen er es zu tun hat, empfängt Herr Torggler senior, dessen Alter nur zu erahnen ist, die Erholungsbedürftigen, wuchtet die Koffer in den Wagen und nutzt die zehnminütige Schaukelfahrt dazu, die neuesten Dreikirchner Geschichten auszubreiten – wissend, dass seiner Fabulierlust keine Grenzen gesetzt sind und seine Kunden keinen Faktencheck durchführen werden.

Bad Dreikirchen will erklommen sein, und das allein macht bereits einen großen Teil seiner unwiderstehlichen Anziehungskraft aus. Allen Versuchen, Zufahrtsstraßen zu bauen und die Gegend zeitgemäß touristisch zu erschließen, hat man zum Glück getrotzt. Die Mühsal, nach Dreikirchen zu gelangen, ist heute freilich überschaubar. In früheren Zeiten verfrachtete man das Gepäck der Sommerfrischler mühsam auf Pferde oder Esel, wenn es die wanderwilligen Gäste nicht ohnehin vorzogen, sich und ihre Rucksäcke zu Fuß den Berg hinaufzuschleppen – von Barbian oder von ganz unten, vom Eisacktal.

So wie Sigmund Freud, der Ostern 1905 keine Anstrengung scheute: »Wir waren also bei schönem, warmem Wetter, obwohl nebligem Himmel, so dass man die vielen schneeweißen Berge

Abendessen in der Stube – unter den Augen Johanna Settaris.

nicht von den Wolken trennen konnte, in Dreikirchen. Also, das müsst Ihr Euch so vorstellen. Von Waidbruck, gerade vis-à-vis der Trostburg, muss man einen Hügel hinauf, ungefähr so hoch wie der Leopoldsberg; der Weg ist auch nicht viel besser, zieht sich in steilen Serpentinen etwa vierhundertfünfzig Meter hoch, ist recht schmal, so dass nur ein leichtes Wägele dort fahren kann. (...) Nach etwa Dreiviertelstunde kommt man zu einem Dorf, St. Barbian, dann geht es auf einen mit Steinen gepflasterten Weg recht steigend, aber doch mehr seitwärts herum durch einen schönen Wald, der den einen Fehler hat, nicht zu enden.« Ungeachtet dieses Defizits schaffte Dr. Freud es, den Wald hinter sich zu lassen, und findet als Belohnung eine Aussicht vor »wie eine Landkarte, das Eisacktal von Klausen bis Waidbruck, oben alle unbekannten Berge bis zum Schlern«. Das Resümee dieses Osterspaziergangs fällt somit erfreulich aus: »Es war eine entzückende Einsamkeit, Berg, Wald, Blumen, Wasser, Schlösser, Klöster und keine Menschen. Auf dem Rückweg begann es zu regnen, aber gnädig. Das Abendessen hat dann sehr gut geschmeckt. Morgen geht es nach St. Ulrich und Wolkenstein.«

Menschenleer wird man Bad Dreikirchen, das längst kein ganz geheimer Geheimtipp mehr ist, heutzutage allenfalls im Winter antreffen, wenn sich der Gasthof ab Ende Oktober vor Eis und Schnee einigelt. Ein paar Gebäude sind es nur, die den Flecken ausmachen: der Gasthof selbst, die drei winzigen, im früh- bis spätgotischen Stil vom 13. bis zum 15. Jahrhundert erbauten, den Heiligen Magdalena, Gertraud und Nikolaus gewidmeten Kapellen mit ihren Flügelaltären und Freskomalereien und der Messnerhof der Familie Gafriller, die die Schlüsselhoheit über die Kirchlein innehat. Warum man es nicht bei einer Kapelle belassen hat, sondern sich gleich mehrfach absicherte, war und ist Gegenstand zahlreicher historischer Spekulationen; eine eindeutige Erklärung gibt es bislang nicht.

Erwähnungen der Dreikirchner Heilquellen, die bei Frauenleiden und Kinderlosigkeit als segensreich galten, gehen bis in die vorchristliche Zeit zurück. Als der Gastwirt Josef Ringler im Juni 1861 die Wiedereröffnung des Mineralbads Dreikirchen annoncierte, konnte er folglich auf das Renommee des Ortes »in einer der schönsten Gegenden Tirols« verweisen. Ein Jahrzehnt später übernahmen die Eheleute Heinrich Settari, ein Bozener Kaufmann, und Johanna Ringler den Besitz und begründeten eine Großfamilie, der noch heute fast alle Anwesen der Gegend gehören. Die Erweiterung des Besitzes erfolgte mit System, da Heinrich Settari seiner Frau zur Geburt jedes Kindes – es sollten fünfzehn werden – ein Grundstück am Berg schenkte. So dürfen Wanderer gewiss sein, dass die reizvollen Häuser – darunter das in den 1920er-Jahren von dem bekannten Architekten Lois Welzenbacher erbaute und sich äußerst harmonisch in die Landschaft einfügende Haus Mimi – fast immer mit der großen Settari-Sippe zu tun haben.

Auch der heutige Dreikirchen-Wirt Matthias Wodenegg, der mit seiner Frau Annette, einer gelernten Architektin, seit 1992 den Gasthof führt, gehört dazu: Johanna Settari ist seine Urgroßmutter. Die Wodeneggs wissen um die Besonderheit ihres Zuhauses. Behutsam haben sie das Anwesen immer wieder modernisieren lassen – 2003 bis 2005 etwa durch das römische Architektenbüro Lazzarini Pickering –, ohne es in ein hippes Wellnesshotel zu verwandeln. Vorbei sind selbstverständlich die Zeiten der Etagendusche oder gar der Holzzuber, in denen die Gäste freitags baden und Latschenkieferöl inhalieren durften, doch Dreikirchen hat allen Versuchungen gesichts- und geschichtslosen Umbauwahns widerstanden. Blechkannen, Kinderwiegen, Gemälde, Blätter aus Kostümkunden, die Krautschneider und Bäuerinnen zeigen, Bauernschränke – das alles ist kein Dekorum, das zwanghaft ländlichen Retrostil signalisiert, sondern seit je Bestandteil des Gasthofes gewesen. Ein Blick auf das 1879 entstandene Dreikirchen-Gemälde des Tiroler Malers Franz von Defregger sorgt so für keinen Kulturschock: Der Gasthof hat sich verändert, ja, und er ist sich gleichzeitig treu geblieben. Einer der prominenten Gäste des Hauses, der Architekt Christoph Ingenhoven, betont, wie wichtig es bei solchen Prozessen ist, auf die Gegebenheiten des Ortes zu reagieren, »ohne historisierend oder kitschig zu sein«. Die Dreikirchner »Verbindung von Architektur und Landschaft« hält er für »perfekt«.

Das wissen Matthias Wodeneggs Gäste – Deutsche meist, Engländer und Italiener im August – zu schätzen, die vor allem Stammgäste sind, Neuankömmlinge unauffällig auf Dreikirchen-Verträglichkeit mustern und nicht ohne Stolz erwähnen, den wievielten Sommer sie bereits hier oben verbringen. Sie nehmen es umstandslos in Kauf, dass in den Zimmern die Holzdielen knarzen und Minibar oder Fernseher fehlen, sie geben sich oft als kulturell Interessierte zu erkennen, die die neuen Bücher von Ralf Rothmann, Bruno Preisendörfer oder Donna Tartt so selbstverständlich wie ihre Smartphones neben ihren Milchkaffee legen und ihrem Laptop oder, noch besser, ihrem Notizbuch wichtige Beobachtungen anvertrauen. Prätentiöse Gäste, die nach alpinem Chic suchen und das Juchzen von Ticken oder Tischtennis spielenden Kindern schlecht ertragen, werden sich in dieser Umgebung kaum wohlfühlen.

Dreikirchen-Urlaube gehorchen festen Ritualen: vom Frühstück auf der Holzveranda über das bodenständige fünfgängige Abendmenü mit Artischockengröstl, Schlutzkrapfen, Steinpilzsouflee und Marillenknödel bis hin zum letzten abendlichen Glas Lagrein dunkel auf der Holzveranda, vom wöchentlichen Grillabend, wenn sich Matthias Wodenegg halbvergnügten Gesichts wohl oder übel einräuchern lässt, bis zu den Lektürestunden am kleinen Pool, auf den verstreut platzierten Holzliegestühlen, auf der Bank unter der von einem Baumchirurgen aufgepäppelten alten Esskastanie oder in den Sesseln der Bibliothek, wo die schriftstellernden Gäste gern ihre Werke hinterlassen und man sich über die Regionalgeschichte bestens informieren kann.

Und da es unmöglich ist, den ganzen Tag über zu lesen, zu dösen, Aperol Spritz zu trinken oder sich über den Fortschritt von Philosophie und Weltpolitik zu unterhalten, gehört es zu einem Dreikirchen-Urlaub, morgens die Stiefel zu schnüren und mal kleine, mal große Wanderungen zu unternehmen: zur aussichtsreichen Schlernbank, nach

> »Wir waren also bei schönem,
> warmem Wetter in Dreikirchen.«
> SIGMUND FREUD

Bad Süß, zum Oberen und Unteren Wasserfall, zum Nixenteich, in den sich erhitzte Urlauberinnen unerschrocken textillos stürzen, nach Sauders zum Speck am Brettl im urtümlichen Winklerhof oder zum Rittner Horn. Und selbstverständlich ist es während dieser Sommerfrische unabdingbar, mehrfach den gut halbstündigen Weg zur 1310 Meter hoch gelegenen Pension Briol auf sich zu nehmen. Der Maler Hubert Lanzinger, ein Schwiegersohn Johanna Settaris, gab ihm 1928 seine bestechend schlichte, in vielen Details dem Bauhaus-Stil nachempfundene Gestalt, die das »Sonnenhäusl« zu einem kantig-klaren Monument macht, das sich abflugbereit über Bergwald und Bergwiesen erhebt. Dass der 1950 verstorbene Lanzinger, Maler beeindruckender Stillleben und Porträts, sich danach dem Nationalsozialismus zuwandte und – vielfach reproduziert – Adolf Hitler in dem pompösen Bild *Der Bannerträger* verewigte, gehört zu den eher zurückhaltend behandelten Episoden der Dreikirchner Geschichte.

Manchmal mag man der Berggepflogenheiten überdrüssig werden, zum Einkaufsbummel nach Brixen oder Bozen aufbrechen und jenseits des Eisacks Klettertouren in die Dolomiten unternehmen. Doch recht besehen erscheinen einem diese Ausflüge, wenn man sich erst einmal an den wunderbar gemächlichen Rhythmus in Dreikirchen gewöhnt hat, bald wie störender Aktionismus. Warum, fragt sich mancher dann, überhaupt diesen Ort der Seelenruhe verlassen, warum nicht zwei, drei Wochen lang endlich so die Tage verbringen, wie man es zu Hause nie fertigbrächte?

Deshalb sieht man den altgedienten Dreikirchnern die Freude an, wenn sie nachmittags zurück in ihren Gasthof dürfen, sich von Ildikó, der souveränen Regentin der Kellnerinnen, die man gern wie einst Saaltöchter nennen möchte, einen Kirschkuchen mit Sahne servieren lassen, auf der Veranda wieder einmal die rund vierzig Kirchtürme im Tal zu zählen beginnen und das Naturspektakel von Wolkenbänken, Regenbögen und Gewittern genießen, die so heftig sind, dass sie die Elektrizität schon einmal kurzzeitig lahmlegen, und sich endlich den nächsten Roman vornehmen.

In der Bibliothek: Lesestoff für mehr als einen Sommer.

Ja, das Gefühl, aus der Zeit zu fallen, scheint bisweilen auch geeignet, um zwischenmenschliche Kontakte herzustellen. So wie es dem Schriftsteller Christian Morgenstern erging, der die Liebe seines Lebens in Dreikirchen fand. 1906 kam der lungenkranke Dichter erstmals nach Südtirol, nach Meran; zwei Jahre später, Ende Juli 1908, beehrte er, dem Hinweis in einem Reiseführer folgend, Dreikirchen und war sofort voll des Lobes: »Dauernd schönes Wetter, reizvolle Lage, gute Pension«. Kurz darauf gesellten sich neue Gäste hinzu, zwei Damen, von denen eine – die Generalstochter Margareta Gosebruch von Liechtenstern – im März 1910 etlichen Widerständen zum Trotz seine Frau werden sollte. Wenige Wochen in Dreikirchen genügten, damit sich die beiden – konversierend, Schach spielend – näher kamen. Als man sich schließlich trennen musste, tat ein reger Briefwechsel das Übrige, um eine Urlaubsbekanntschaft in eine Ehe münden zu lassen. Erinnerungen an die Dreikirchner Zeit fanden in Morgensterns Briefen ihren Niederschlag: »Zweierlei möchte ich mit Dir zusammen unserem lieben Dreikirchen antun, wenn wir's einmal vermögen: die Decke des dritten Kirchleins so stützen, dass sie für den Kirchenbesucher keine Gefahr mehr bedeutet, und dann dem ersten (Deinem) Kirchlein eine besonders schöne Glocke schenken mit unseren Initialen und einem Spruch von mir.« Nach Morgensterns Tod 1914 zog es seine anthroposophischen Freunde nach Dreikirchen, um dem verstorbenen Dichter in naturbeseelten Tänzen zu huldigen.

Der Gasthof Bad Dreikirchen ist ein Ort geblieben, an dem sich Künstler, Wissenschaftler und Schauspieler wohlfühlen, und er hat dennoch nichts elitär Versnobtes an sich. Zu den Gästen gehören Soziologen wie Heinz Bude und Stefan Müller-Doohm, Historiker wie Werner Plumpe, Biochemiker wie der Nobelpreisträger James Rothman, Sachbuchautoren wie Karin Wieland und Thomas Medicus, Theaterintendanten wie Thomas Bockelmann, Brauereigeschäftsführer (»Bitburger«) wie Werner Wolf oder TV-Journalisten wie Michael Opoczynski. Und gelegentlich verirren sich, wie das Gästebuch verrät, auch legendäre Persönlichkeiten hierher, wie im Juli 1958 Maria Augusta Trapp, Autorin und Oberhaupt der singenden Trapp-Familie, die »zu sich selbst finden« wollte und ihren Eintrag mit den Ortsangaben »Salzburg – USA – Dreikirchen« versah.

Wo so viel schreibendes Potenzial zusammenkommt, kann es nicht ausbleiben, dass der Dreikirchner Gasthof nicht nur in der Reiseliteratur Spuren hinterlässt: so in Veit Heinichens Kriminalroman *Im eigenen Schatten* oder in Susanne Leinemanns *Sommer mit Nebenwirkungen*. Ja, es scheint gar so zu sein, dass das Berghotel Zweikapellen aus dem Roman *Sophie fährt in die Berge*, verfasst vom Autor dieser Zeilen, eine verblüffende Ähnlichkeit mit Dreikirchen aufweist. Dessen Literaturgeschichte wartet auf Fortsetzungen.

Gasthof Bad Dreikirchen, Dreikirchen 12, 39040 Barbian, Bozen/Italien
www.baddreikirchen.it

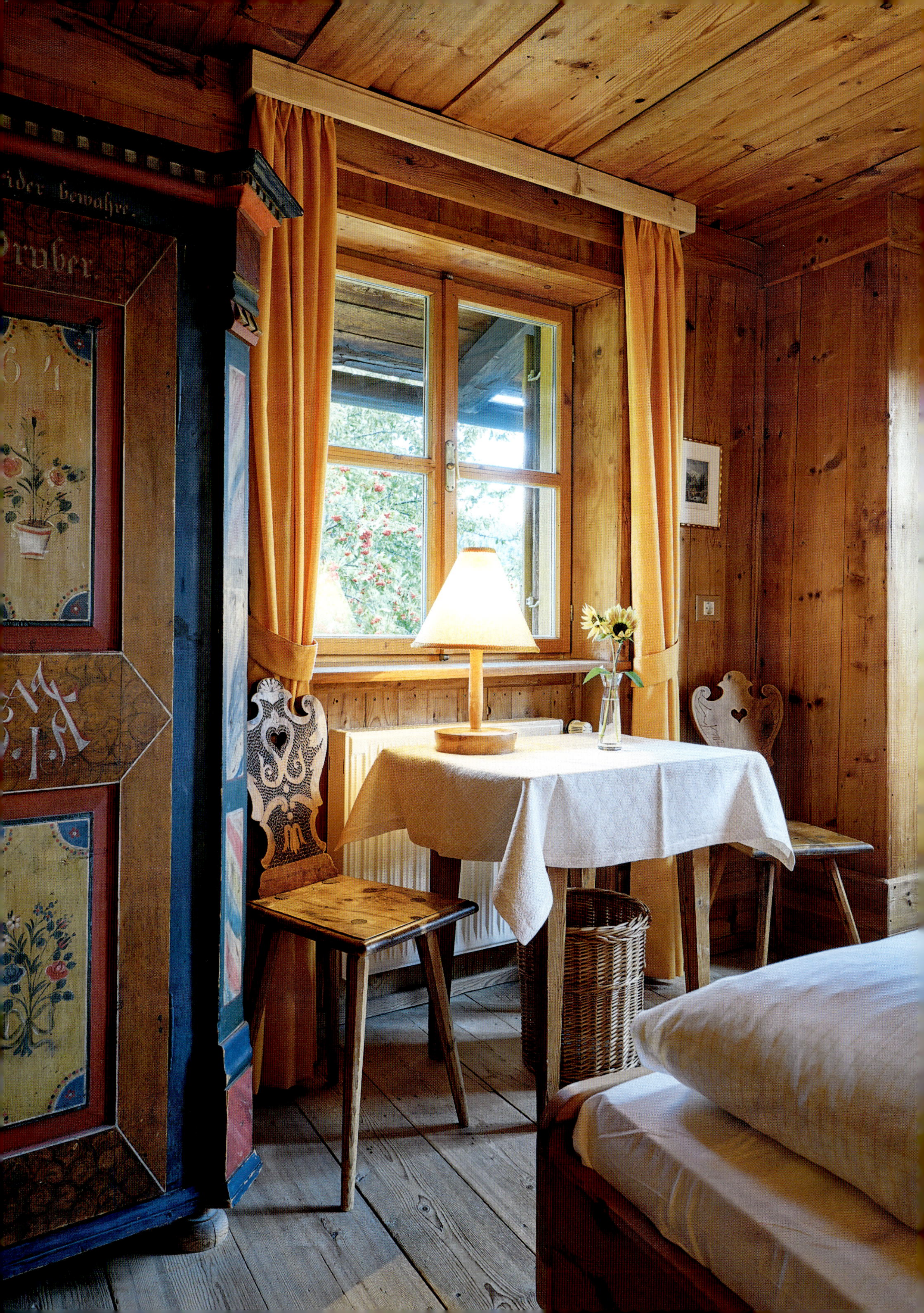
bewahre.

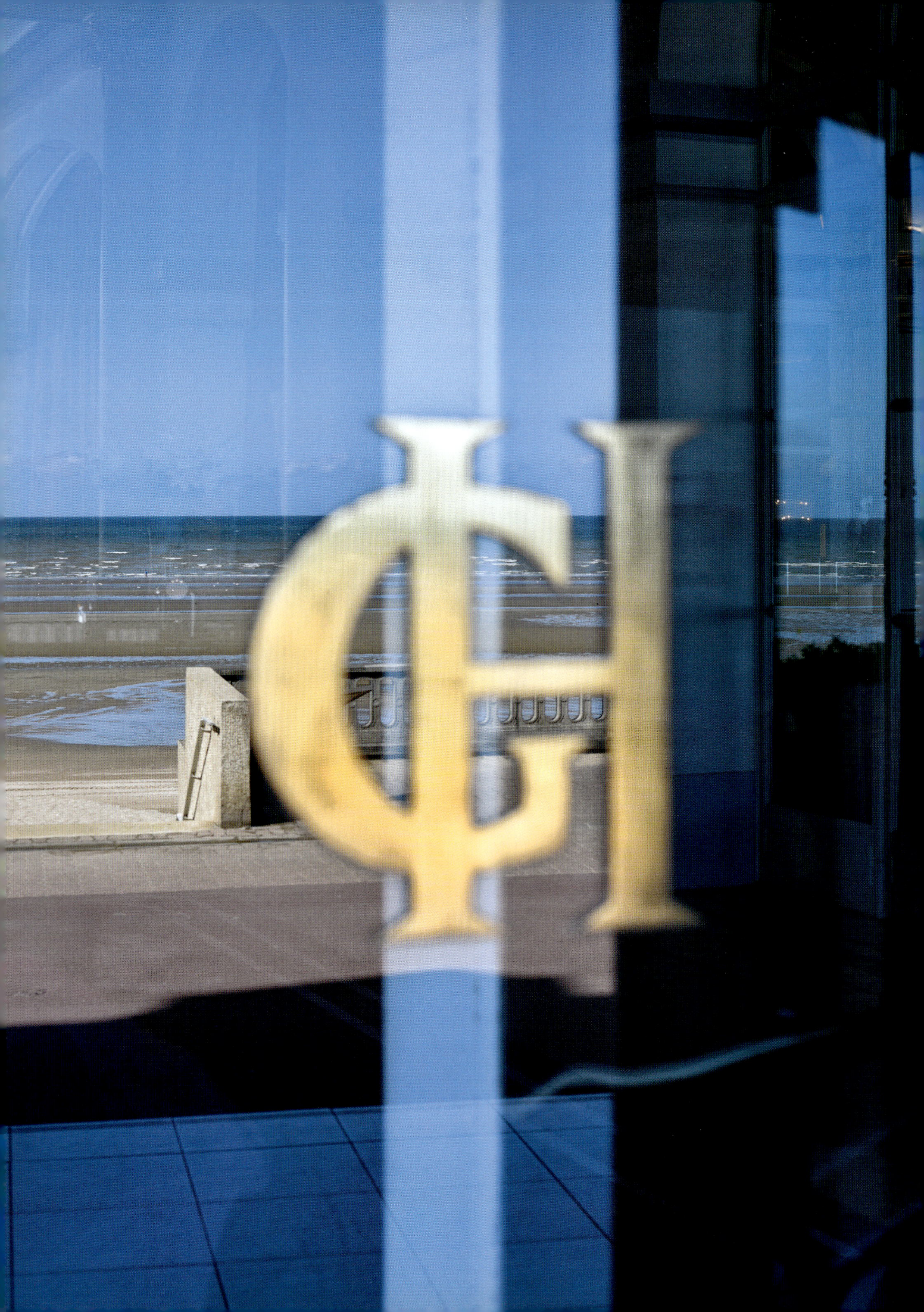

LE GRAND HÔTEL CABOURG, CABOURG

EINER THEATERBÜHNE GLEICH

Unter den 71 Zimmern behauptet natürlich eines – die Nummer 414 – seine Sonderrolle, das Marcel-Proust-Zimmer. Insbesondere die japanischen Verehrer des Schriftstellers bestehen darauf, dort zu nächtigen, als käme man dem Dichter auf diese Weise gleichsam körperlich nah.

Das ließ sich »Le Figaro« nicht entgehen: In seiner Sonntagsausgabe vom 7. Juli 1907 berichtete der Theater- und Musikkritiker André Nède ausführlich von einem Ereignis, das Folgen für die Literaturgeschichte haben sollte. Im normannischen Badeort Cabourg öffnete das neu errichtete Grand Hôtel seine Pforten und bot den Touristen, wie die Zeitung schrieb, »alles an Mustergültigkeiten und Wunderwerken, was der moderne Fortschritt hat realisieren können«. Ein wahrer »Palast aus Tausendundeinernacht« sei an der Stelle des abgerissenen, 1862 erbauten Hôtel de la Plage entstanden und verfüge neben seiner herausragenden Lage über allen wünschenswerten Komfort. Das mit »Une Brillante Inauguration« überschriebene Loblied fand in Paris einen besonders aufmerksamen Leser: den Schriftsteller Marcel Proust, der – nach dem Tod seiner geliebten Mutter im

Dahinter liegt das Meer: Annäherung vom Jardin du Casino.

Jahr 1905 – seit kurzem am Boulevard Haussmann wohnte und sich in denkbar schlechter Verfassung befand. Die Gesundheit des seit Kindertagen an Asthma Leidenden schwächelte, die meisten Tage verbrachte er im Bett, und wo er sich im Sommer 1907 erholen wollte, stand in den Sternen, als er die Notiz im »Figaro« las und sich kurzerhand entschloss, in den Zug an der Gare Saint-Lazare zu steigen und, begleitet von einem Kammerdiener, das derart gepriesene Grandhotel in der Normandie aufzusuchen.

In den folgenden acht Jahren, bis zum Kriegssommer 1914, wiederholte Proust jedes Jahr diese Reise. Vom ersten Moment an fühlte er sich in dem eleganten, mit Zentralheizung ausgestatteten Domizil wohl, ja erlebte eine Art Wiedergeburt: »Seit ich hier bin, und seit vielen Jahren zum ersten Mal, habe ich mich angezogen und bin ausgegangen.« Er legte den immerhin zwanzig Kilometer langen Fußweg nach Trouville zurück und nutzte jede Gelegenheit, die Gegend mit ihren für ihn historisch interessanten Sehenswürdigkeiten zu erkunden und Freunde zu besuchen. Hilfreich war ihm dabei das Taxiunternehmen Unic, das Jacques Bizet, Sohn von Geneviève Straus und Georges Bizet, betrieb und das den Feriengästen in Cabourg ihre Wagen zur Verfügung stellte. Auf diese Weise kam Proust mit zwei Chauffeuren zusammen, die sein Leben maßgeblich beeinflussten: mit seinem späteren Geliebten Alfred Agostinelli und mit Odilon Albaret, dem Gatten von Céleste Albaret, die bis zu seinem Tod 1922 als Haushälterin an seiner Seite war. Die ersten Erkundungen im Sommer 1907 galten dem knapp dreißig Kilometer entfernten Caen und seinen beiden Klöstern Saint-Étienne und Abbaye aux Dames. Diese Autofahrten mit Agostinelli, der bei Bedarf die Scheinwerfer seines Wagens einsetzte, um Proust das Studium eines Rosengartens oder der Kathedrale von Lisieux zu erleichtern, hielt Proust in seinem im November 1907 im »Figaro« erschienenen Aufsatz *Tage im Automobil* fest.

Mit luxuriösen Hotels kannte sich Proust aus. Er hatte das Grand Hôtel des Bains in Évian, den Oranienhof in Bad Kreuznach und – 1893/94 – das Hôtel des Roches Noires in Trouville-sur-Mer besucht, das von Claude Monet gemalt und literarisch vor allem durch Marguerite Duras in mehreren Romanen und Filmen verewigt wurde. 1963 erwarb sie ein Appartement in dem kurz zuvor stillgelegten Hotel und verbrachte über drei Jahrzehnte lang fast alle Sommer in Trouville. Obwohl auch Proust Gefallen an dem mondänen Badeort und dessen beeindruckendem Hotel fand und er 1893 die kleine Erzählung *Melancholische Tage in Trouville* schrieb, verblassten die Erinnerungen daran, als er mit dem Grand Hôtel in Cabourg auf das Modell stieß, das für seinen siebenteiligen Romanzyklus *Auf der Suche nach der verlorenen Zeit*, dessen erster Band 1913 erschien, zentrale Bedeutung gewann. Aus Cabourg und seinem Hotel formte Proust das fiktive Balbec, das im Kontext seines Romans (vor allem in den Teilen *Im Schatten junger*

> »… wenn die elektrischen Lampen den Speisesaal mit Licht überfluteten, so dass dieser zu einem riesigen Aquarium wurde.«
>
> MARCEL PROUST

Mädchenblüte und *Sodom und Gomorrha II*) einen Gegenpol bildet zur ländlichen, den Einstieg bildenden Szenerie des Dorfes Combray. Prousts Ich-Erzähler Marcel macht im Grand Hôtel von Balbec die Bekanntschaft der rätselhaften Albertine, an deren Seite er alle denkbaren Liebes- und Eifersuchtsdramen erleben wird und die, wie Proust in einem Brief notierte, die »Hauptrolle spielt und die Peripetie herbeiführt«.

Francis Lavocat, der heutige Direktor des inzwischen zur MGallery Collection gehörenden Grand Hôtel Cabourg, weiß zu schätzen, was Proust und die *Suche nach der verlorenen Zeit* – der, so Jean-Yves Tadié, bedeutendste Roman des 20. Jahrhunderts – einem Hotel an »Alleinstellungsmerkmalen« geben. Ganz gelesen habe er Prousts monumentales Opus noch nicht, räumt er lächelnd ein, aber dank der Suchfunktion seines E-Readers sei es ein Leichtes für ihn, alle einschlägigen Balbec-Stellen mühelos herauszufiltern. Sowohl das Hotel als auch das Mitte des 19. Jahrhunderts, als Seebäder in Mode kamen, aus dem Boden gestampfte Städtchen Cabourg sind von Proust-Reminiszenzen beherrscht. Noch im kleinsten Kiosk an der Avenue de la Mer sind Werkausgaben und Biografien erhältlich, und der Jahresbedarf an Madeleine-Biskuits, die – in Tee getaucht – in Prousts Roman das Erinnerungsvermögen des Erzählers so fulminant aktivieren, lässt sich in den Cafés und Konditoreien binnen weniger Minuten abdecken, während die einladende langgestreckte Strandpromenade, die seit 1971 nach Marcel Proust benannt ist, mit Aufstellern, die einprägsame Cabourg/Balbec-Stellen zitieren, dem nicht ganz sattelfesten Leser weiterhilft. Sofern die Flaneure Hotelgäste sind, haben diese die Möglichkeit, sich auch dort mit Proust-Texten zu versorgen – oder mit »Le thé de l'écrivain«, dessen Packungen das unverkennbare schnauzbärtige Porträt des Dichters zeigen und einen nach der Romanfigur Charles Swann benannten Schwarztee enthalten.

Strahlend erhebt sich die weiße Belle-Époque-Fassade vor den Augen des Anreisenden, und das Gebäude wirkt vor blauem Himmel wie der Prototyp eines eleganten Grandhotels. Unter den 71 Zimmern behauptet natürlich eines – die Nummer 414 – seine Sonderrolle, das Marcel-Proust-Zimmer. Insbesondere die japanischen Verehrer des Schriftstellers bestehen darauf, dort zu nächtigen, als käme man dem Dichter auf diese Weise gleichsam körperlich nah. Dass dieses Zimmer mit seinem schmalen Bett und seinen ächzenden Holzdielen nicht zu den exquisiten Vorzeigezimmern des Hotels gehört, spielt keine Rolle: Die Aura zählt. Und wer sich der Illusion hingeben möchte, genau in dem Zimmer zu schlafen, in dem Proust an seiner *Suche nach der verlorenen Zeit* arbeitete, der ignoriert geflissentlich, dass die Zuschreibung des Proust-Zimmers nicht hieb- und stichfest ist. Der lärmempfindliche Autor buchte meist mehrere Zimmer auf einem Stockwerk, um sich so vor den Behelligungen anderer zu schützen.

Strandpromenade: Meer und Sonne ziehen sich zurück.

Über drei Viertel der Gäste sind Franzosen, zumal man von Paris aus kaum mehr als zwei Autostunden braucht, um an die Küste der Normandie zu gelangen. Sie alle schätzen, wenn sie für kurze Augenblicke von der Proust-Lektüre ablassen, die unüberbietbare Lage des Hotels, direkt an einem Meer, das sich bei Ebbe weit zurückzieht. Beim Betreten der Anlage folgt der Blick unwillkürlich einer unverstellten Achse, die es erlaubt, den fernen Atlantik sofort mit allen Sinnen zu erfassen – ein Sog, dem schwerlich zu widerstehen ist. Selbst Samantha Cameron, der Ehefrau des englischen Premierministers, fehlten die Worte, als sie 2014 das Grand Hôtel Cabourg betrat. Mehr als ein lautstarkes »Wow!« sei von ihr erst einmal nicht zu hören gewesen.

Der so Infizierte wird es sich, sofern die Brieftasche ordentlich bestückt ist, nicht nehmen lassen, im Hotelrestaurant Le Balbec zu dinieren. Dessen nicht enden wollende Panoramafront erlaubt einen weiten Blick über das Meer, über die Promenade mit ihren Joggern, die kein Auge für die Speisenden haben, sowie zu den am Strand vorbeisausenden Sulkys. Von hier aus lassen sich Sonnenuntergänge beobachten, die fraglos unter den Top 10 Europas rangieren. Zu Prousts Zeiten war das kaum anders; allenfalls das Staunen der Dörfler scheint ein intensiveres gewesen zu sein, wenn die »elektrischen Lampen den Speisesaal mit Licht überfluteten, so dass dieser zu einem riesigen Aquarium wurde, vor dessen Glaswänden die Arbeiterbevölkerung von Balbec, die Fischer und auch die Kleinbürgerfamilien, unsichtbar im Dunkel sich die Nasen plattdrückten, um das sich langsam in goldenem Geplätscher wiegende Luxusleben aller dieser Leute anzuschauen, das für die Armen ebenso merkwürdig war wie das von seltsamen Fischen oder Mollusken ist«.

Echte Proustiennes und Proustiens widerstehen der Versuchung, aus der erlesenen Speisekarte das butterzarte Ris de veau zu bestellen. Nein, für sie gehört es sich, dem Meister auch in kulinarischen Dingen zu folgen: »Eine Stunde später – während wir frühstückten und wie aus einer ledernen Kalebasse ein paar Tropfen goldgelben Zitronensafts auf zwei Seezungen träufelten, von denen auf unseren Tellern bald nur das flatternde, gleich einer Feder gelockte und wie Zither summende Gerüst der Gräten übrigblieb …«. Als begleitendes Getränk bietet sich Champagner an, für den man schon einmal 750 Euro pro Flasche ausgeben kann. Nicht nur des Preises wegen sollte man deren Inhalt sehr langsam trinken, denn wer im »Aquarium« dieses Speisesaals Platz genommen hat, möchte so schnell nirgendwo anders hingehen.

Proust liebte das Leben in einem Palasthotel, wo die Spezies Mensch sich aufs Farbigste auffächerte, soziale Distinktionen sich erst allmählich abzeichneten, Intrigen zu beobachten waren, bei Bedarf völlige Diskretion herrschte, das Kasino Abwechslung bot, die salzige Seeluft Linderung versprach und sich Besuch empfangen ließ. »Das Hotel gleicht einer Theaterbühne«, schrieb er 1907 an seinen Freund Reynaldo Hahn, auf der sich die Akteure »wie für einen letzten Akt« versammelten. Nicht immer verliefen Prousts Sommer in Cabourg so unbeschwert wie im Jahr 1907. Später mied er es, sein Zimmer zu verlassen, oder litt 1910 darunter, dass man sein Gepäck verwechselt und ihm »am Bahnhof die Hutkartons einer Dame« ausgehändigt hatte, »die irrtümlich meine Koffer in die Bretagne entführt hat« – mit der fatalen Folge, dass sich Proust in den »vierundzwanzig Stunden, die ich hier bin, weder ausziehen noch zu Bett legen« konnte. Im Sommer 1913 endete die Sommervakanz überraschend früh, als Proust und Agostinelli abrupt nach Paris zurückkehrten. Warum, das gibt den Biografen bis heute Rätsel auf; möglicherweise kursierten Gerüchte in Cabourg, die mit seiner Homosexualität zu tun hatten.

Das Jahr darauf – Prousts letzter Aufenthalt in Cabourg – stand unter ganz anderen Vorzeichen. Zum einen hatte er den Verlust des Geliebten Agostinelli, der im Mai des Jahres bei einem Flugzeugabsturz zu Tode gekommen war, zu beklagen – eine Situation, die ihn nicht davon abhielt, wenige Monate später in Cabourg seinem blendend aussehenden jungen schwedischen Bediensteten Ernest Forssgren den Hof zu machen. Zum anderen war der Krieg ausgebrochen und das Grandhotel in ein Lazarett umgewandelt worden, in dem Proust nun mit den Verwundeten Karten spielte.

Mit Prousts endgültigem Abschied ging die literarische Hochzeit des Grand Hôtel Cabourg zu Ende. Gewiss, hier und dort finden sich Spiegelungen in anderen Werken, meistens freilich mit Bezug auf Proust. So in dem Normandie-Kriminalroman *Kein Tag für Jakobsmuscheln* (2015) von Catherine Simon, hinter deren Pseudonym sich die Rundfunkredakteurin Sabine Grimkowski verbirgt. Ein paar Jahre zuvor war sie in einem literarischen Reiseführer durch die Normandie Prousts Wegen gefolgt – kein Wunder also, dass sie in ihrem Roman die »Freunde Marcel Prousts« in Cabourg zusammenkommen lässt und das Zimmer 414 beschreibt.

Heute ist das Hotel künstlerisch in erster Linie ein Ort des Films. Die Galerien mit Bildern prominenter Gäste, die die Korridore auf allen Etagen säumen, zeigen neben den Porträts von Politikern, Monarchen, Verlegern wie Gaston Gallimard und Sängern wie Jacques Brel

»Früher hätte ein Maler sie in einem Genrebild verewigt, als Wäscherin, Wasserträgerin oder Spitzenklöpplerin.«

PASCAL LAINÉ / CLAUDE GORETTA

und Charles Aznavour bekannte Schauspielergesichter. Zu tun hat das mit dem einflussreichen Bruno Coquatrix, der das Pariser Olympia leitete und bis zu seinem Tod 1979 acht Jahre lang Bürgermeister von Cabourg war.

Seit 1983 findet in jedem Juni das Festival du Film de Cabourg statt, dessen Hauptpreis wenig überraschend Swann d'Or heißt. Nicht zuletzt ist Cabourgs Strand immer wieder Filmschauplatz. Auf einem der Hotelgänge hängt ein signiertes Foto der jungen Isabelle Huppert. Wie schön, denke ich, denn mit ihr wurde 1976 Claude Gorettas *Die Spitzenklöpplerin* in Cabourg gedreht, nach dem gleichnamigen Roman des Prix-Goncourt-Preisträgers Pascal Lainé. Einer meiner Lieblingsfilme, der von der achtzehnjährigen Friseuse Béatrice erzählt, gespielt von Isabelle Huppert, die jede Geste dem scheuen Wesen dieser jungen Frau anpasste. Gemeinsam mit einer Kollegin, die sich, verlassen von ihrem Freund, gleich in die nächste Affäre stürzen will, fährt Béatrice in die Normandie, nach Cabourg. Damals 1977, als der Film in die Kinos kam, sah ich das Meer mit den Augen dieser fragilen Frau, die den Philosophiestudenten François kennenlernt. Sie sitzen an der Strandpromenade, gehen spazieren und lassen sich zögernd, aber bestimmt aufeinander ein. Ein gutes Ende nimmt diese traurig-schöne Geschichte nicht, als sie nach Paris zurückkehren. Béatrice kommt in eine psychiatrische Klinik, wo sie stumm den Tag verbringt, von allen guten Geistern verlassen. »Denn sie war eine von denen, die sich nicht bemerkbar machen, die erforscht werden wollen, bei denen man genau hinschauen muss. Früher hätte ein Maler sie in einem Genrebild verewigt, als Wäscherin, Wasserträgerin oder Spitzenklöpplerin«, damit schließt der Abspann des Films. Vielleicht hätten Béatrice und François für immer und ewig in Cabourg bleiben sollen ...

Le Grand Hôtel Cabourg – MGallery Collection,
Les Jardins du Casino, 14390 Cabourg, Frankreich
www.accorhotels.com/de/hotel-1282-le-grand-hotel-cabourg-mgallery-collection/index

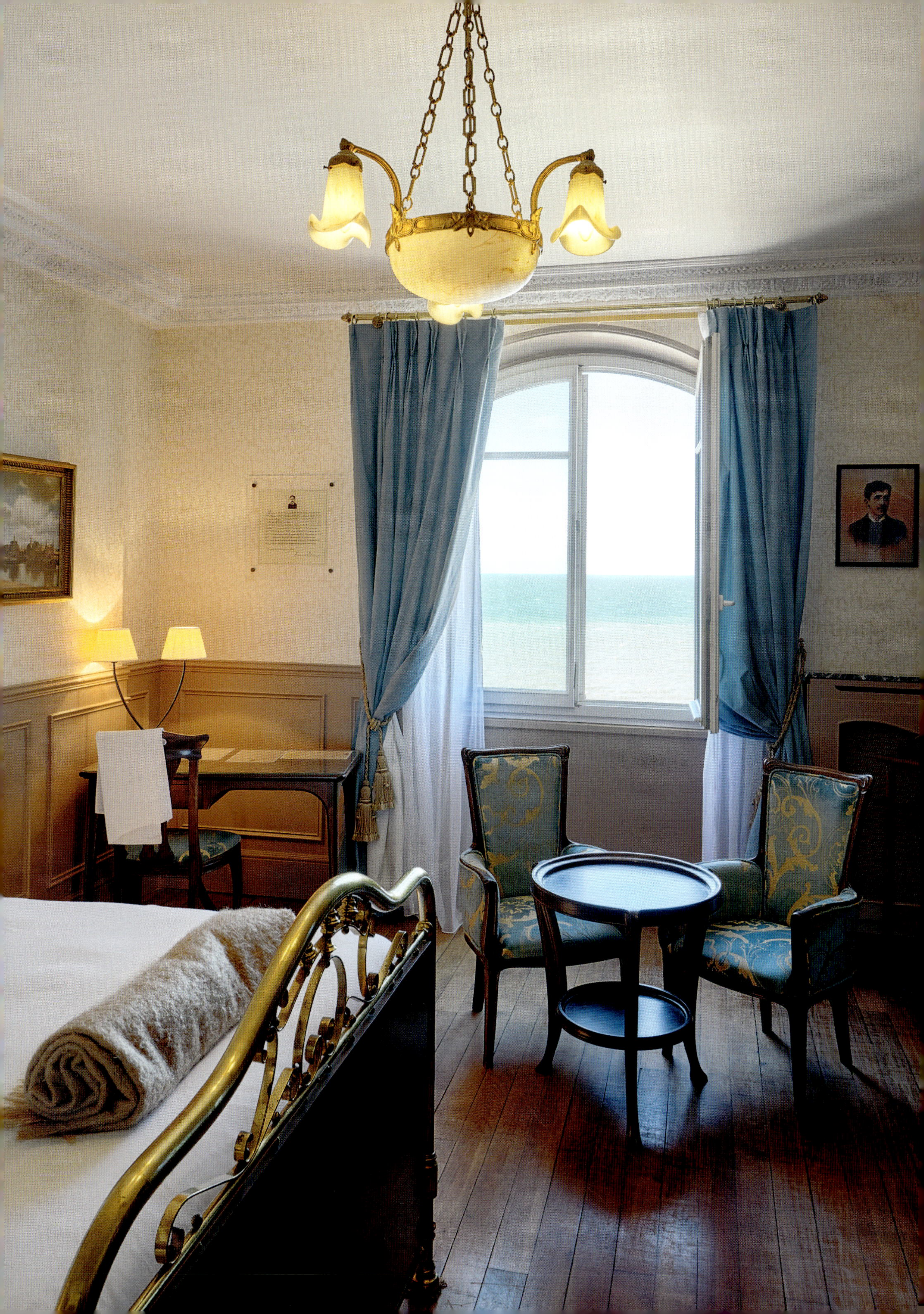

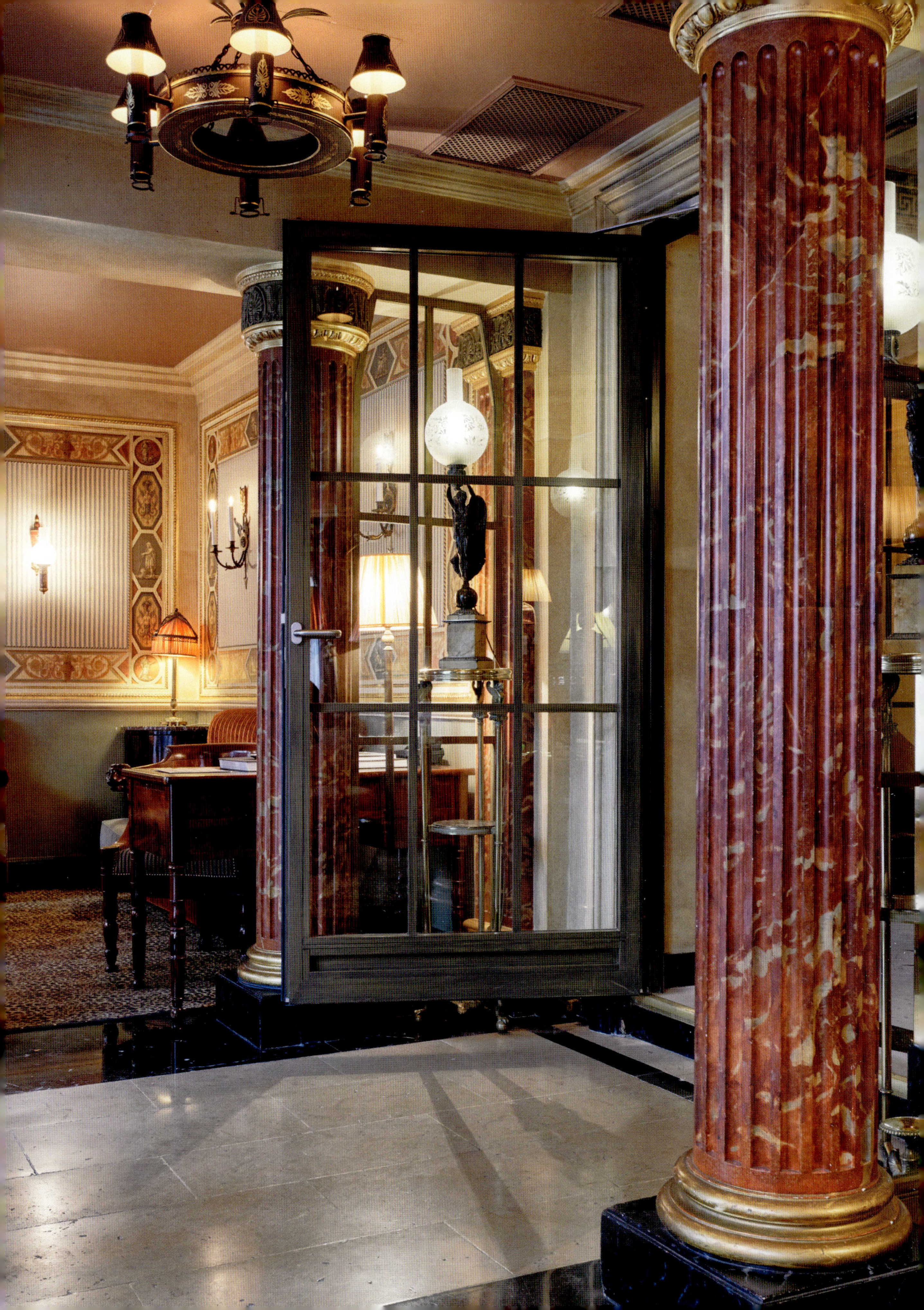

L'HÔTEL, PARIS

DAS DUELL MIT DER TAPETE

Ein Foto zeigt den fast blinden Borges, wie er inmitten des Hotels auf einem Sternmedaillon steht, so starr, als wolle er diesen Platz nie mehr verlassen.

Kein Zimmer wie das andere: Dieses evoziert mit seiner Einrichtung die Orientreisen des Schriftstellers Pierre Loti.

Nicht nur Briten verstehen sich auf Understatement. Wer am Boulevard Saint-Germain-des-Prés im Café de Flore oder im Deux Magots einkehrt und vergebens darauf wartet, den Geist von Simone de Beauvoir oder Jean-Paul Sartre zu erspüren, macht sich anschließend vielleicht bei einem Gang über die Rue Bonaparte in die Rue des Beaux-Arts auf die Suche nach dem authentischen Rive-Gauche-Flair. Hier trifft er auf den Ort, wo Oscar Wilde, der skandalumwitterte Romancier und Dramatiker, am 30. November 1900 starb, in einem höchst bescheidenen Etablissement, das damals Hôtel d'Alsace hieß und heute Paris' kleinstes 5-Sterne-Hotel ist.

Wo vergleichbare Nobelherbergen mit prunkvollen Fassaden, goldbeschlagenen Eingangspforten und weithin sichtbaren Namenszügen aufwarten, pflegt dieses Hotel eine derart große Zurückhaltung,

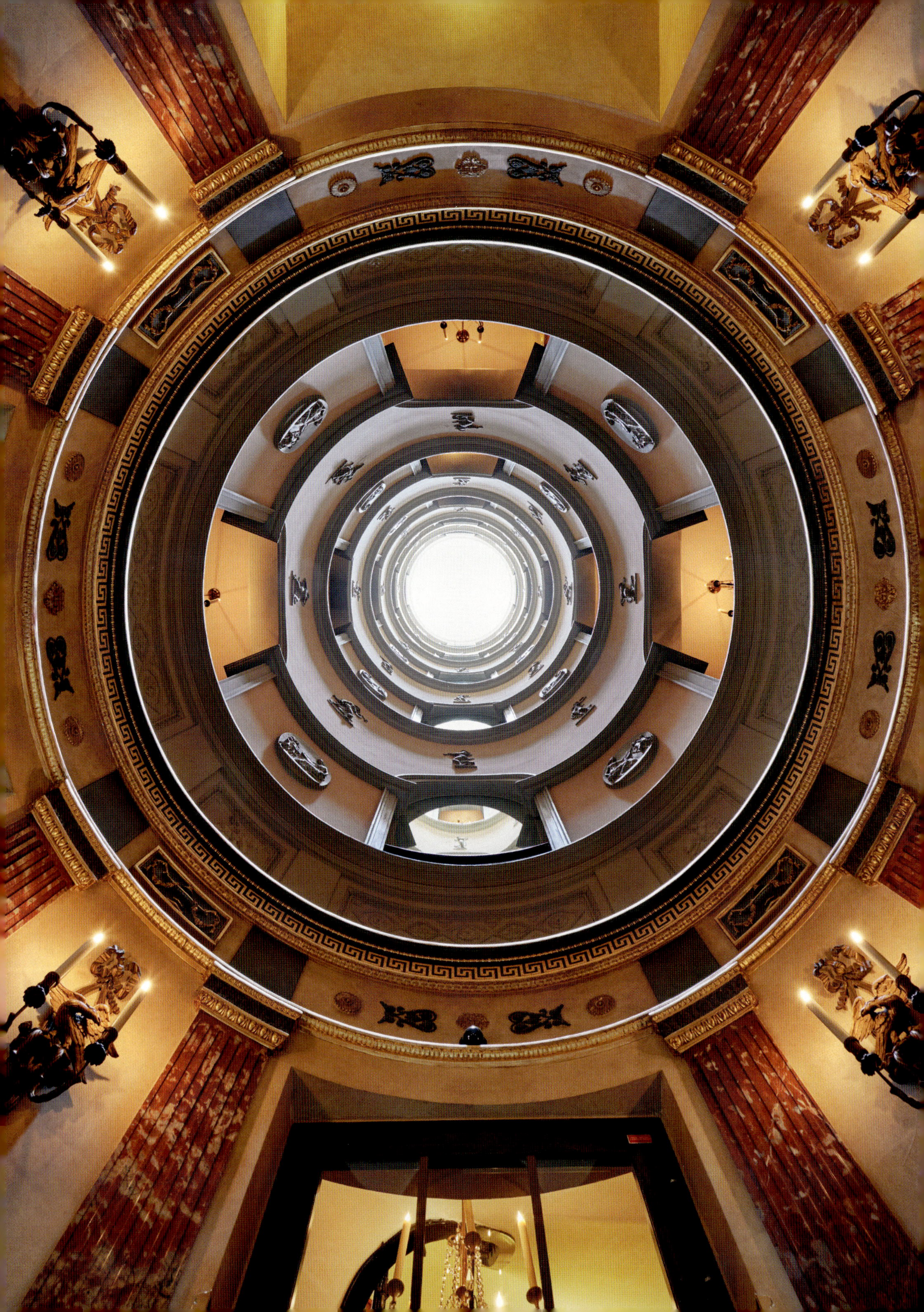

dass man es in einem Moment der Unaufmerksamkeit leicht übersieht. Unscheinbar eingebettet in eine Front typischer Pariser Wohnhäuser und umgeben von Galerien, trägt es seit 1963 einen Namen, der schlichter nicht sein könnte: L'Hôtel. Allenfalls erregt ein Widderkopf über dem Eingang Aufmerksamkeit, der lange Zeit dem exquisiten, mit einem Michelin-Stern dekorierten Hotelrestaurant seinen Namen – Le Bélier – gab. Bis man sich dazu entschloss, das Understatement konsequent weiterzutreiben und es umzubenennen, in – natürlich – Le Restaurant. So ist der Widder zwar ein wenig seiner Daseinsberechtigung beraubt worden, doch bleibt seine Geschichte, die, wie mir Direktor Julien Révah erzählt, damit zu tun hat, dass der Geliebte einer früheren Besitzerin im Sternzeichen des Widder geboren wurde.

Eingerahmt wird der Widderkopf von zwei Plaketten, die an die berühmtesten Dichter aus der Hotelgeschichte erinnern: an Oscar Wilde (wenngleich man sich bei seinem Geburtsdatum um einen Tag vertan hat) und an Jorge Luis Borges, der in den 1970er- und 1980er-Jahren regelmäßiger Gast des Hotels war und sich liebend gern in die ruhigen Alkoven des Hotels zurückzog, um die Atmosphäre aufzusaugen. Borges, der schon als Kind Wildes Märchen *Der glückliche Prinz* ins Spanische übersetzt hatte, schätzte seinen englischen Kollegen ungemein und quartierte sich deshalb im L'Hôtel ein. Ein Foto zeigt den fast blinden Borges, wie er inmitten des Hotels auf einem Sternmedaillon steht, so starr, als wolle er diesen Platz nie mehr verlassen. Sich bewusst auf Borges' Spuren begebend, quartieren sich argentinische Landsleute im L'Hôtel ein, um dem 1986 verstorbenen Dichter nah zu sein.

Das Gebäude selbst stammt aus dem frühen 19. Jahrhundert und wurde an der Stelle errichtet, wo sich einst ein Pavillon befand, der Marguerite de Valois, der Reine Margot, als verschwiegenes Plätzchen für amouröse Begegnungen gedient haben soll. Eine intime Atmosphäre hat sich das Hotel bewahrt; schon nach wenigen Minuten fühlt man sich geborgen in diesem schmalen, sich auf sechs Etagen in die Höhe

> »Ich sterbe
> über meine Verhältnisse.«
> OSCAR WILDE

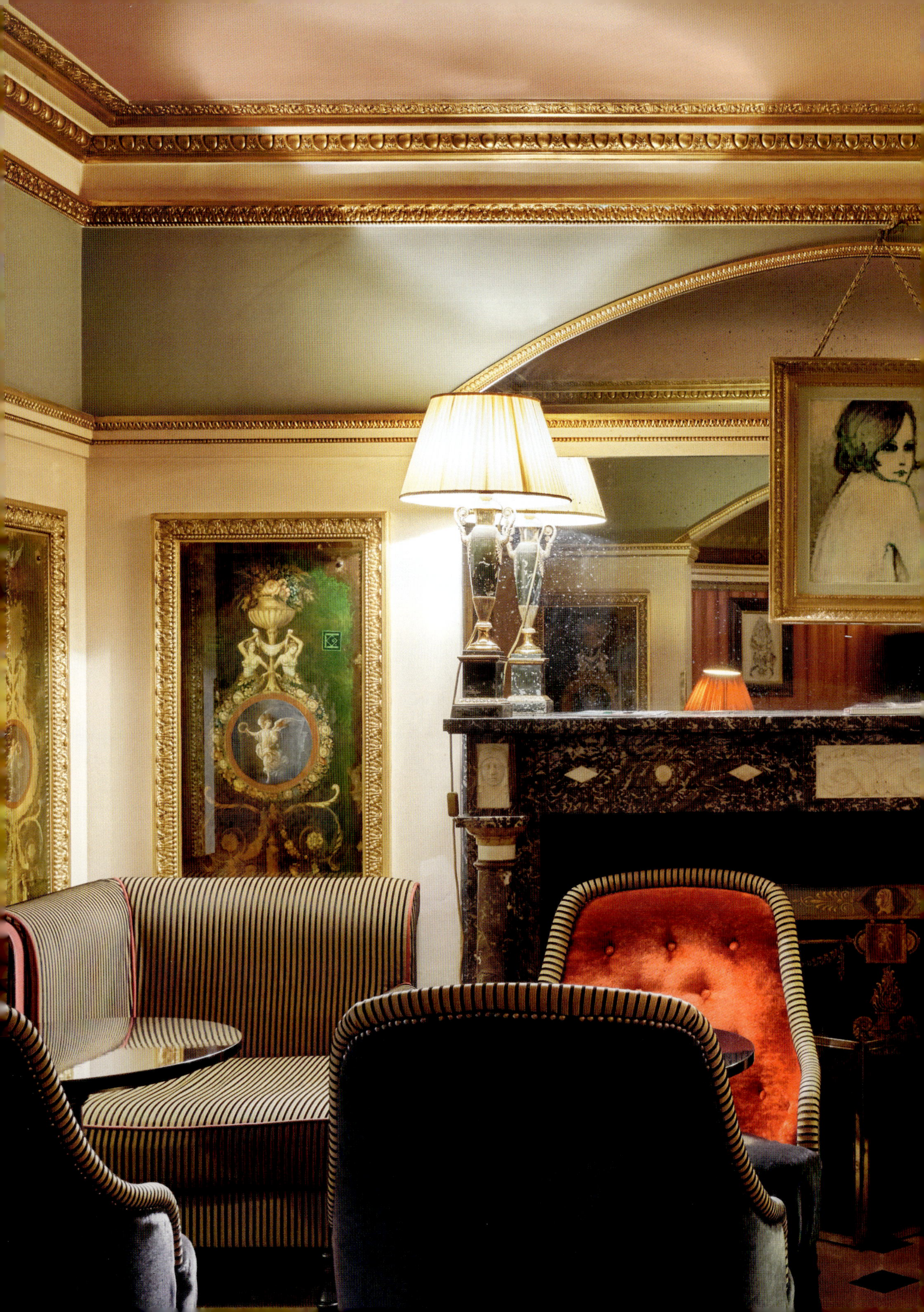

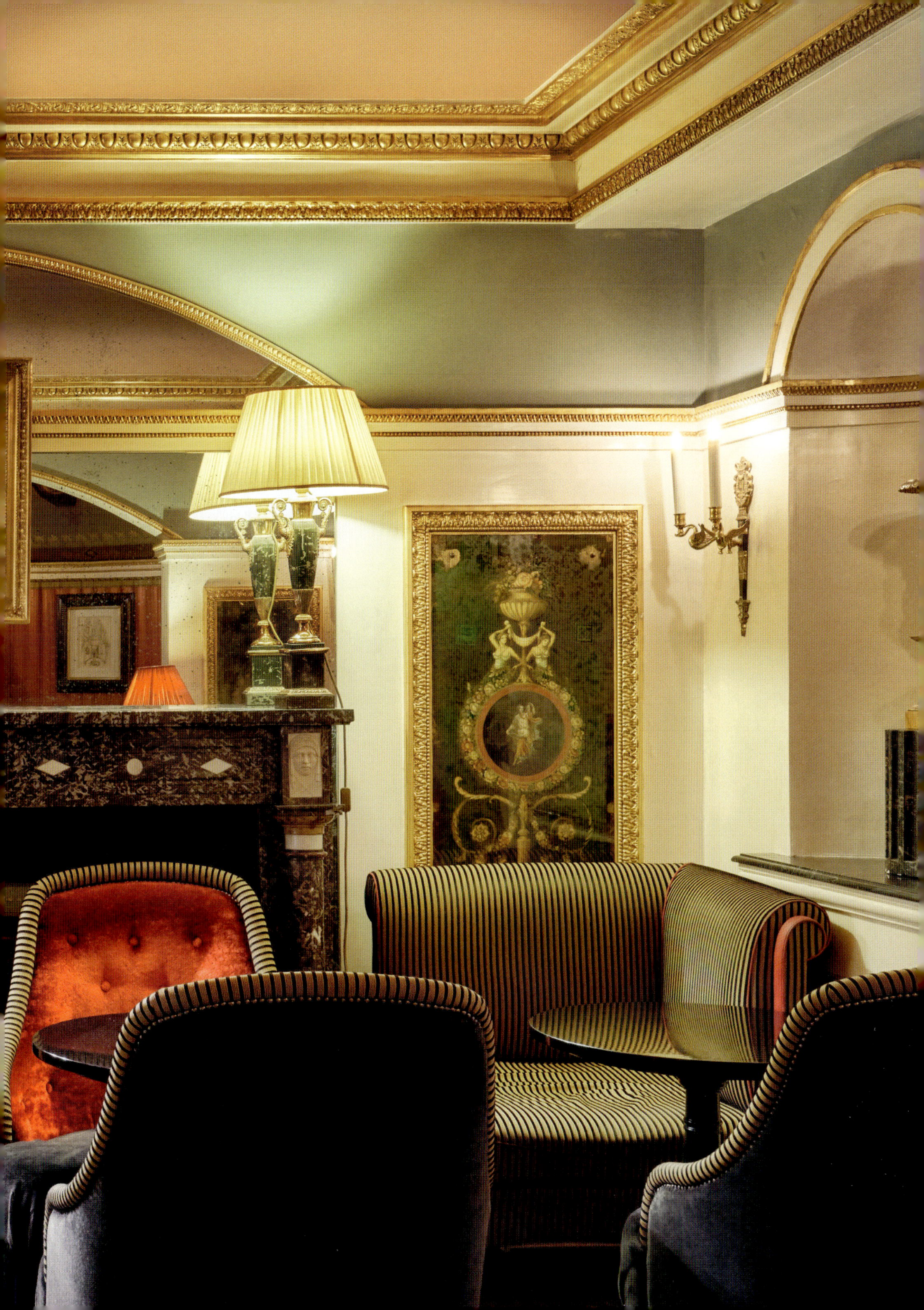

streckenden Unterschlupf. Ein Weg führt kerzengerade durch das Entree zu einer Bar mit Lektürenische und zum vielfach ausgezeichneten Restaurant und dessen winzigem Garten mit Fontäne, der Platz für jedes Privatissimum bietet.

Den Stil des Hauses hat der Innenarchitekt Jacques Garcia geprägt, der im Jahr 2000 das Hotel umgestaltete. Mit viel Marmor, Brokat, Seide, Plüsch und raffinierten Beleuchtungsarrangements beschwor er den Glanz vergangener Epochen herauf und vermittelt so das Gefühl, eine Zeitreise zu unternehmen. Zeichnungen und Fotos prominenter Gäste verteilen sich über die Wände und lockern die Opulenz auf, die durch die von Alain Pouliquen vergoldeten Säulen verstärkt wird. Garcia hat weltweit Schlösser, Privathäuser und Hotels restauriert, kräftigen Farben wie Rot, Violett und Dunkelgrün zu neuem Ansehen verholfen und auch aus dem L'Hôtel eine große Theaterbühne alter Prägung gemacht.

Zwanzig Zimmer hat das Hotel, jedes auf unverkennbare Weise individuell eingerichtet, jedes ein Schmuckstück auf seine Art. Manches wie das der Sängerin Mistinguett gewidmete Zimmer vermittelt mit seinem verspiegelten Bett authentischen Art-déco-Charme, ein anderes, das Zimmer Pondichéry, wiederum ist eine getreue Nachbildung eines Gästezimmers im normannischen Schloss Le Champ de Bataille, das Jacques Garcia gehört. Und dasjenige, das Hommage an Pierre Loti ist, evoziert mit seiner Einrichtung die Orientreisen des Schriftstellers.

Besonders nachgefragt ist verständlicherweise die Oscar-Wilde-Suite im ersten Stock, deren Mobiliar englischer nicht sein könnte und in der Faksimiles und Fotografien an seinen früheren Bewohner erinnern. Wer glauben möchte, dass Wildes Lebenslicht genau in diesem Gemach erlosch, mag das gerne tun. Stimmen tut es nicht. Vermutlich starb er in einem Alkoven im Erdgeschoss. Überhaupt hat die glanzvolle Ausgestaltung der Hotelzimmer gar nichts mehr mit den erniedrigenden Lebensbedingungen zu tun, die Wilde vorfand, als er 1898 in die Rue des Beaux-Arts kam. Darauf angesprochen, duldete Jacques

Garcia keine Sentimentalitäten: »Wer würde schon im Zimmer seines Verfalls schlafen wollen? Man hat keine Lust, die Misere von Oscar Wilde zu sehen.«

Im Mai 1897 war Wilde aus dem Londoner Zuchthaus entlassen worden, in dem er wegen »Unzucht« zwei Jahre eingesessen hatte. Physisch und psychisch schwer angeschlagen, ging er ins Exil und nannte sich fortan Sebastian Melmoth. Im Frühjahr 1898 kam er in das ihm gut vertraute Paris. Seine finanzielle Situation war miserabel, sodass er ständig darauf angewiesen war, die ihm gebliebenen Freunde um Geld anzugehen und Quartier im eher schäbigen Hôtel d'Alsace zu nehmen. Sein Gesundheitszustand verschlechterte sich zusehends und zwang ihn zuletzt dazu, seinen Aktionsradius auf die Boulevards und Cafés der Rive Gauche zu beschränken. Im Herbst 1900 musste er sich einer Ohrenoperation unterziehen, von der er sich nicht mehr erholte.

Beerdigt wurde Wilde zuerst auf dem Armenfriedhof in Bagneux, bis er neun Jahre später auf dem Père-Lachaise seine letzte Ruhestätte fand. Das von Jacob Epstein geschaffene Grabmal wurde zu einer Pil-

Voller Erwartungen an einen unvergesslichen Aufenthalt: Entrez, s'il vous plaît.

gerstätte für Wilde-Jünger, die sich einen Spaß daraus machten, ihre Lippenstiftabdrücke darauf zu hinterlassen – bis man das Monument schließlich durch eine gläserne Umrandung kusssicher machte. In ihrer Not weichen Wildes Verehrer inzwischen aus: An den Eingangsmauern des L'Hôtel werden regelmäßig Kuss-Spuren gesichtet.

Seine Geldnöte hielten Wilde nie davon ab, auf großem Fuß zu leben. Der Besitzer des Hôtel d'Alsace, Jean Dupoirier, war seinem insolventen Gast zum Glück sehr zugetan und verzichtete darauf, dessen Schulden einzutreiben. Auf über 4000 Francs – was etwa 14.000 Euro entspräche – beliefen sich Wildes Verbindlichkeiten am Ende, davon standen – wie ein handschriftlicher Beleg dokumentiert – dem Hotelier allein 2643,40 Francs zu. Diesem war es zuvor auch zu verdanken gewesen, dass Wilde seine Kleidung zurückbekam, nachdem er seine Rechnungen in einer kurzzeitigen Unterkunft, im Hotel Marsollier, nicht beglichen hatte. Dupoirier löste Wilde bei seinem Kollegen stillschweigend aus. Mit »Ich sterbe über meine Verhältnisse« kommentierte Wilde seine prekäre Lage, und wenn es um pointierte letzte Worte geht, so blieb er den Nachweis seiner Formulierungskunst nicht schuldig. Den deprimierenden Anblick seines Zimmers soll er sarkastisch so kommentiert haben: »Die Tapete und ich liefern uns ein tödliches Duell. Einer von uns beiden muss gehen.«

L'Hôtel wechselte mehrfach seinen Besitzer. Der Textilunternehmer Edmond Dreyfus kaufte es Anfang der 1960er-Jahre und beauftragte den Architekten Robin Westbrook mit der Renovierung. Dieser schuf das lichtgetränkte Atrium, das die zu den Zimmern führende Wendeltreppe raffiniert kaschiert. Ganz oben im sechsten Stock prangt ein barocker Spiegel, der von einem der berühmten Hotelgäste besungen wurde. Der Chansonnier Serge Gainsbourg lebte eine Zeit lang zusammen mit Jane Birkin im L'Hôtel, während er darauf wartete, dass die Bauarbeiten an seinem Haus in der Rue de Verneuil abgeschlossen wurden. Gainsbourg schrieb hier an seinem Album *Histoire de Melody Nelson*, das im März 1971 auf den Markt kam. Einer der Songs – *L'Hôtel*

»Tandis que là-haut
un miroir nous réfléchit.«
SERGE GAINSBOURG

particulier – beschreibt das Intérieur seiner damaligen Unterkunft: »Au cinquante-six, sept, huit, peu importe / De la rue X, si vous frappez à la porte / D'abord un coup, puis trois autres, on vous laisse entrer / Seul et parfois même accompagné. // Une servante, sans vous dire un mot, vous précède / Des escaliers, des couloirs sans fin se succèdent / Décorés de bronzes baroques, d'anges dorés, / D'aphrodites et de Salomés. // S'il est libre, dites que vous voulez le quarante-quatre / C'est la chambre qu'ils appellent ici de Cléopâtre / Dont les colonnes du lit de style rococo / Sont des nègres portant des flambeaux. // Entre ces esclaves nus taillés dans l'ébène / Qui seront les témoins muets de cette scène / Tandis que là-haut un miroir nous réfléchit, / Lentement j'enlace Melody.«

Im Juli 1971 wurde die Tochter Charlotte Gainsbourg geboren, die – sagt man – im kleinen Brunnen des Hotels plantschte, in Ermangelung eines Schwimmbads, das erst später hinzukam und sich heute nebst einem Hamam in den alten Kellergewölben befindet.

Wer in Paris seine Prominenz als Hotelbesucher zur Schau stellen möchte, wird sich im Ritz oder Crillon wohlfühlen. L'Hôtel, das heute zur britischen Vereinigung »A Curious Group of Hotels« gehört, bezog seit jeher seinen Charme aus seiner unauffälligen Abgeschiedenheit, das es zu einer Rückzugsoase par excellence macht. Die Schar seiner illustren Gäste ist groß und beeindruckend: Salvador Dalí, Frank

Sinatra, Elizabeth Taylor, Richard Burton, Jim Morrison, Susan Sontag, Barbra Streisand, Marcello Mastroianni, Mick Jagger – sie alle wussten, warum sie sich in die Diskretion der Rue des Beaux-Arts zurückzogen. Wie übrigens auch der Schriftsteller Salman Rushdie, dessen Leben nach der Veröffentlichung der *Satanischen Verse* auf dem Spiel stand.

Nichts in diesem wohnlich-intimen Hotel strahlt Hektik und Unruhe aus. Kaum hat man seine Schwelle überschritten, scheint sich die Gegenwart einer umtriebigen Metropole zu verabschieden. Kein Wunder, dass sich Bar und Bibliothek wunderbar für vertrauliche Gespräche eignen – wenn sich zum Beispiel Verleger und Autoren über ein Manuskript beugen oder Regisseur Quentin Tarantino mit Vertrauten neue Pläne diskutiert. Natürlich darf Oscar Wilde dabei nicht fehlen: Ein Foto zeigt ihn auf seinem Sterbebett. Bewacht werden die Bargespräche übrigens von einem Labrador, der Staatspräsident Valérie Giscard d'Estaing gehörte und auf einem Gemälde in der Bar porträtiert wurde. Very british und très français zugleich.

L'Hôtel, 13, Rue des Beaux-Arts, 75006 Paris, Frankreich
www.l-hotel.com

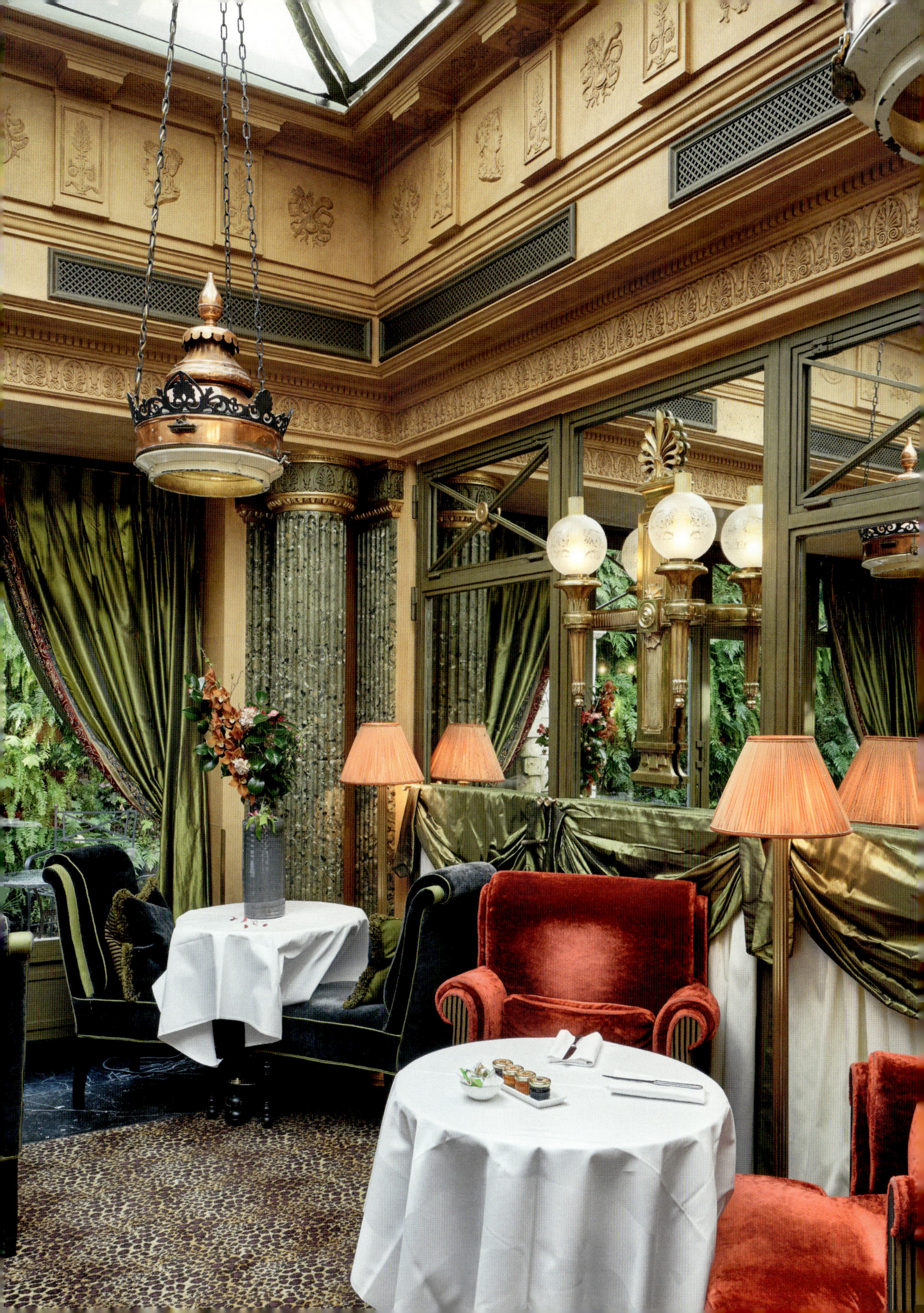

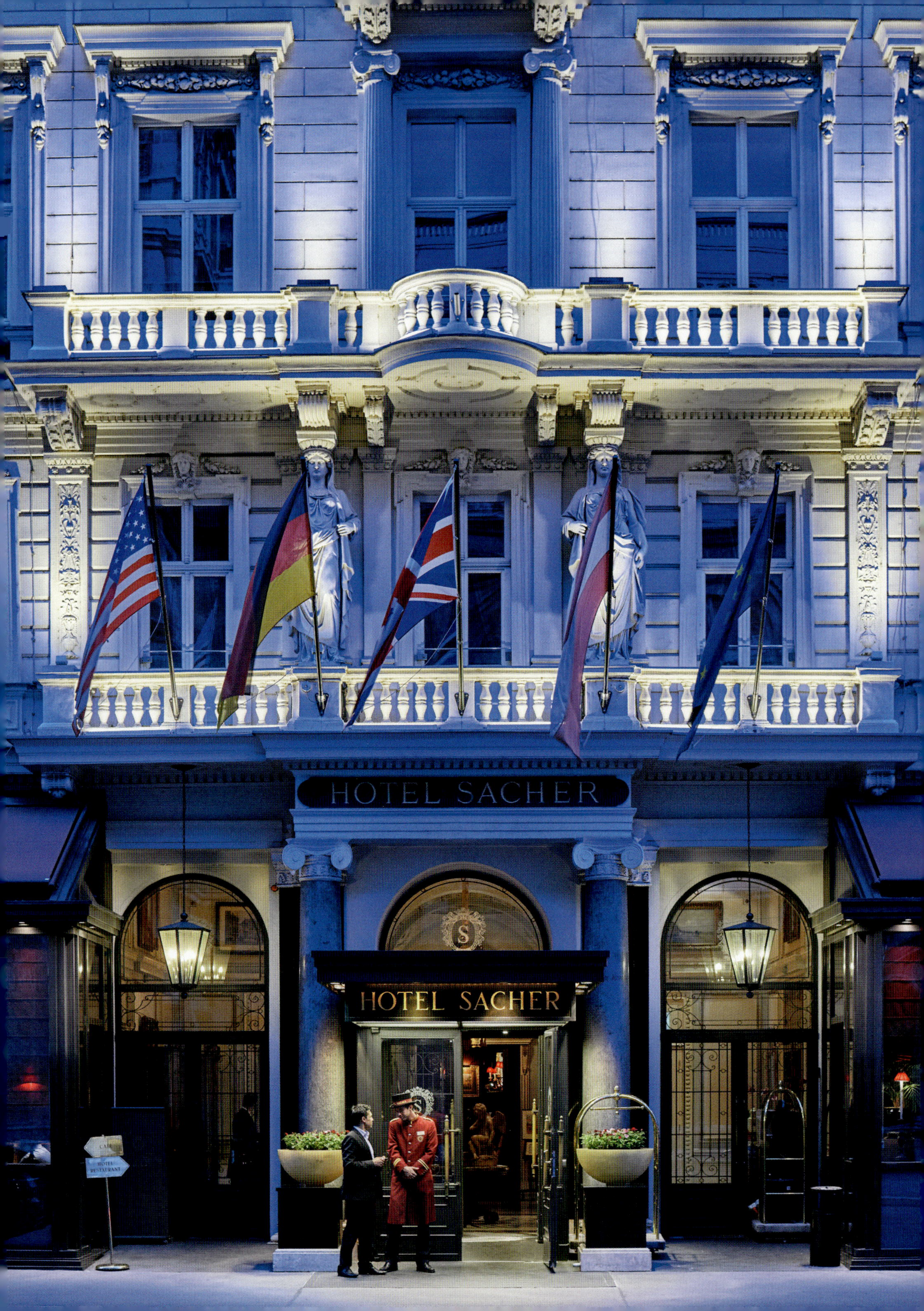
HOTEL SACHER
HOTEL SACHER

HOTEL SACHER, WIEN

AM ANFANG WAR DIE TORTE

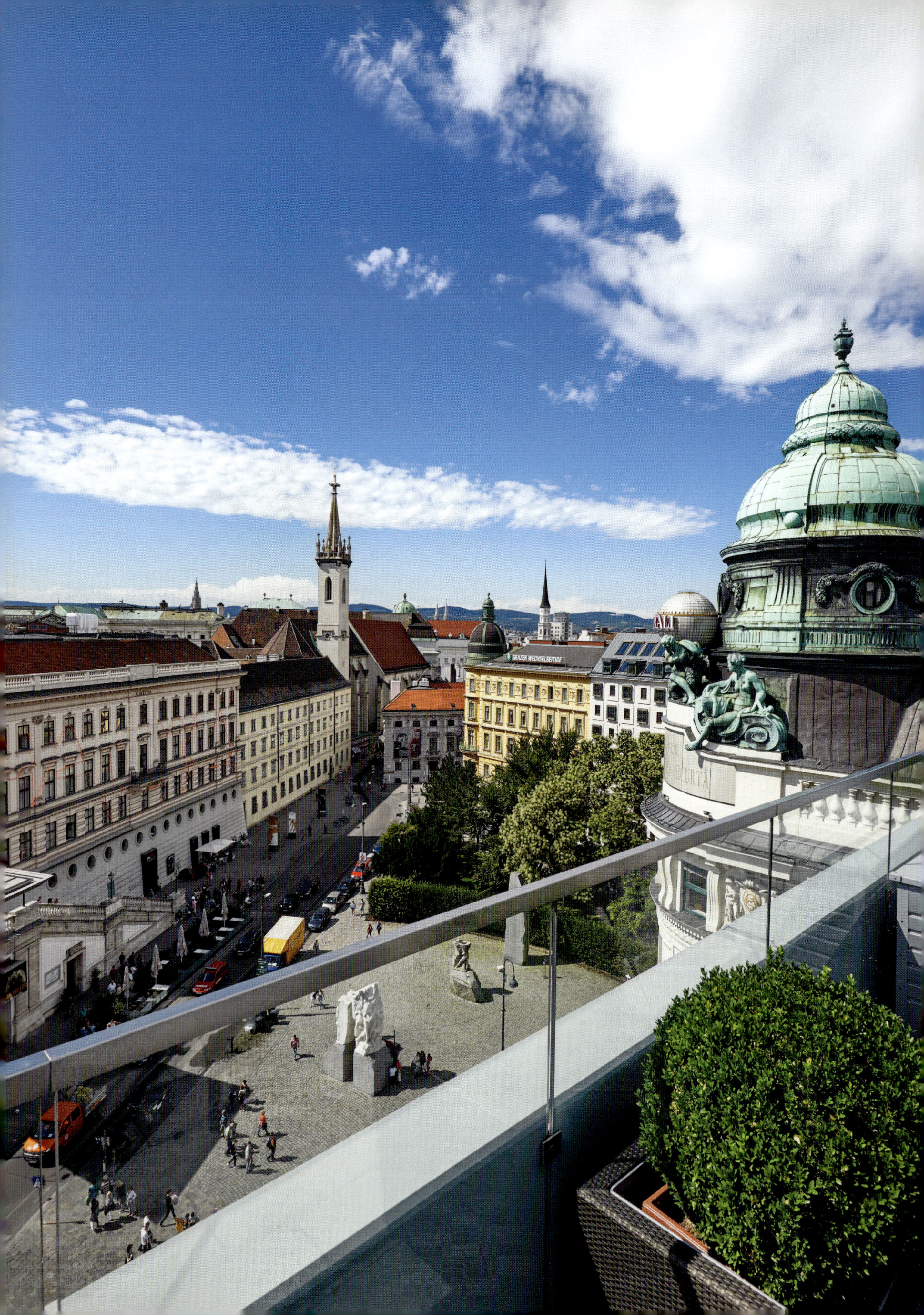

Manchmal hängt alles an einem glücklichen Zufall, und manchmal entsteht dauerhafter Ruhm durch eine Fügung, die niemand vorherzusehen in der Lage war. So wie an einem Abend des Jahres 1832 im Hause des Fürsten von Metternich, als der gerade mal sechzehnjährige Franz Sacher den erkrankten Küchenchef zu ersetzen hatte und zum Dessert eine neuartige Schokoladentorte aus dem Hut zauberte, unter deren Glasur sich Marillenmarmelade versteckte. In zahllosen Varianten ist diese gastronomische Episode erzählt worden, auch in belletristisch ausgeschmückter Form von Ernst Hagen in seinem fantasievollen Dokuroman *Hotel Sacher. In deinen Betten schlief Österreich* (1976): »Die Torte wurde gebracht. Franz Sacher teilte sie in Stücke und servierte sie mit Schlagobers – ein Einfall in letzter Minute, der der Sache erst den letzten Pfiff gab. Nun wurde es vollkommen still im Saal. Nur der Fürstin Bünau entrang sich ein fast zweideutiger Seufzer. Die Mädchen hatten die Lippen voll Schlagobers, und Bünau griff zu, als habe er eine Schlacht zu schlagen. Metternich hatte die Gabel an den Mund geführt. Er schenkte seinem Kocheleven ein Lächeln des Wohlgefallens. Es war sein erstes Lächeln an diesem Abend. ›Ich habe so etwas Köstliches noch nie gegessen‹, sagte die Fürstin.«

So entstehen Legenden, und wenngleich sich der Sachertortenruf nach diesem Souper nicht sofort wie Donnerhall verbreitete, läse sich die Geschichte des Hotels ohne den süßen Geniestreich des jungen Franz nur halb so fesselnd. Gut vier Jahrzehnte später erweiterte die Familie Sacher ihr Portfolio und ging unter die Hoteliers. Franz Sachers Sohn Eduard, der sich als Delikatessen- und Weinhändler einen Namen gemacht hatte, erfüllte sich den lang gehegten Wunsch von einem Hotel. 1876 eröffnete er am Platz des einstigen Kärntnertortheaters das im

Ratespiel für Fortgeschrittene I: Sachertorte, »original« oder »echt«?

Stile eines Renaissancepalastes daherkommende Hotel de l'Opéra, dem er später seinen eigenen Namen gab. Auch der bald darauf im Prater eingerichtete, prächtig florierende Sacher-Garten mehrte seinen Ruf. Früh zog das so günstig gelegene Hotel internationale Gäste an; Annoncen warben mit dem »dienenden Personal«, das die »modernen Weltsprachen« beherrsche, und versuchten, der starken Konkurrenz – darunter das Imperial, das Stadt Frankfurt, das Grand Hotel, das Meissl & Schadn und das Erzherzog Karl – Paroli zu bieten.

Dass das Sacher alsbald an Renommee gewann, hat mehrere Gründe. Man mag seinen Tafelspitz oder sein Beinfleisch loben und dankbar dafür sein, dass es so günstig am Eingang zur Kärntner Straße, gegenüber der Oper und unweit der Hofburg liegt, doch einen Gutteil seines Reizes macht seine bis heute erhaltene dezente Anmutung aus. Keine weiträumige, marmorglänzende Lobby empfängt den Sacher-Gast – stattdessen ein überschaubares Entree, von dem aus fast verwinkelte Gänge in alle Richtungen führen, mit der unter Denkmalschutz stehenden Hotelhalle mit Originalwandvertäfelung und Originalglasdecke als Zentrum.

Direktor Reiner Heilmann, seit 1991 im Amt, und sein ungemein freundliches Team müssen auf engem Raum zurechtkommen; wo andernorts Weite und Helligkeit dominieren, scheint das nicht nach plumper Modernität strebende Sacher-Interieur in vergangene Zeiten zu entführen – eine Erfahrung, die die Gäste aus aller Welt in Wiens Erstem Bezirk geradezu erwarten und suchen. 149 Zimmer stehen zur Verfügung, und wie zeitgemäß manche der Suiten auch eingerichtet sein mögen – sie alle vermitteln ein Gefühl behaglichen, wärmenden Komforts. Und natürlich verfügt das Hotel inzwischen über einen allen Erwartungen gerecht werdenden Spa- und Fitnessbereich im fünften Stock.

2004 beauftragte die Eignerfamilie Gürtler den französischen Innenarchitekten Pierre-Yves Rochon mit umfangreichen Umbauten und nahm eine – in der Öffentlichkeit umstrittene – Aufstockung ihres Hotels um zwei Etagen vor, ein Unterfangen, das für ein Novum sorgte: die zehnwöchige Schließung des Sacher. Seitdem ist das Hotel eines der höchsten Gebäude im Ersten Bezirk, und wer sich in einer der Suiten in den oberen Etagen einmietet, genießt einen sensationellen Blick über den Stephansdom hinweg bis zum Riesenrad des Praters.

    Charakteristisch für das Sacher ist nicht nur der vorsichtige Umgang mit der traditionellen Einrichtung der Zimmer, Bars und Salons, sondern auch seine prachtvolle Kunstsammlung mit über eintausend Gemälden vorwiegend aus dem 19. Jahrhundert, die sich über das ganze Hotel verteilen und so kein Gefühl steriler Musealität aufkommen lassen. Im Spitzenrestaurant Anna Sacher zum Beispiel kommen unter prächtigen Kristallüstern auf der imposanten, tiefgrünen, mit dunkler Holztäfelung kombinierten Wandgestaltung Originalbilder des Künstlers Anton Faistauer eindrucksvoll zur Geltung. Der 1887 geborene und 1930 in Wien gestorbene, von Paul Cézanne beeinflusste Maler zählt zu den wichtigsten Vertretern der österreichischen Moderne. Unter seinen Stillleben und Porträts im Anna Sacher zu speisen zeigt, wie leicht es manchmal sein kann, Kunst und Kulinarik zu kombinieren.

    Anna Sacher? Ja, es wird höchste Zeit, auf jene Grande Dame zu kommen, die das Regiment im Sacher über Jahrzehnte führte und das Hotel zu einer Institution, zum Hotel Österreich gewissermaßen, machte. 1880 hatte Eduard Sacher die zwanzigjährige Fleischhauertochter Anna Fuchs geheiratet, die sich von Stund an aktiv in die Geschäfte einmischte und 1892, als ihr Mann mit noch nicht einmal fünfzig Jahren verstarb, kurzerhand die Leitung des Hotels übernahm – ein für die damalige Zeit keineswegs selbstverständlicher Vorgang. Die Histörchen über die resolute Geschäftsfrau Anna Sacher sind Legion. Die Publizistin Monika Czernin hat viele davon in ihrem lesenswerten, 2014 erschienenen Buch *Das letzte Fest des alten Europa. Anna Sacher und ihr Hotel* festgehalten.

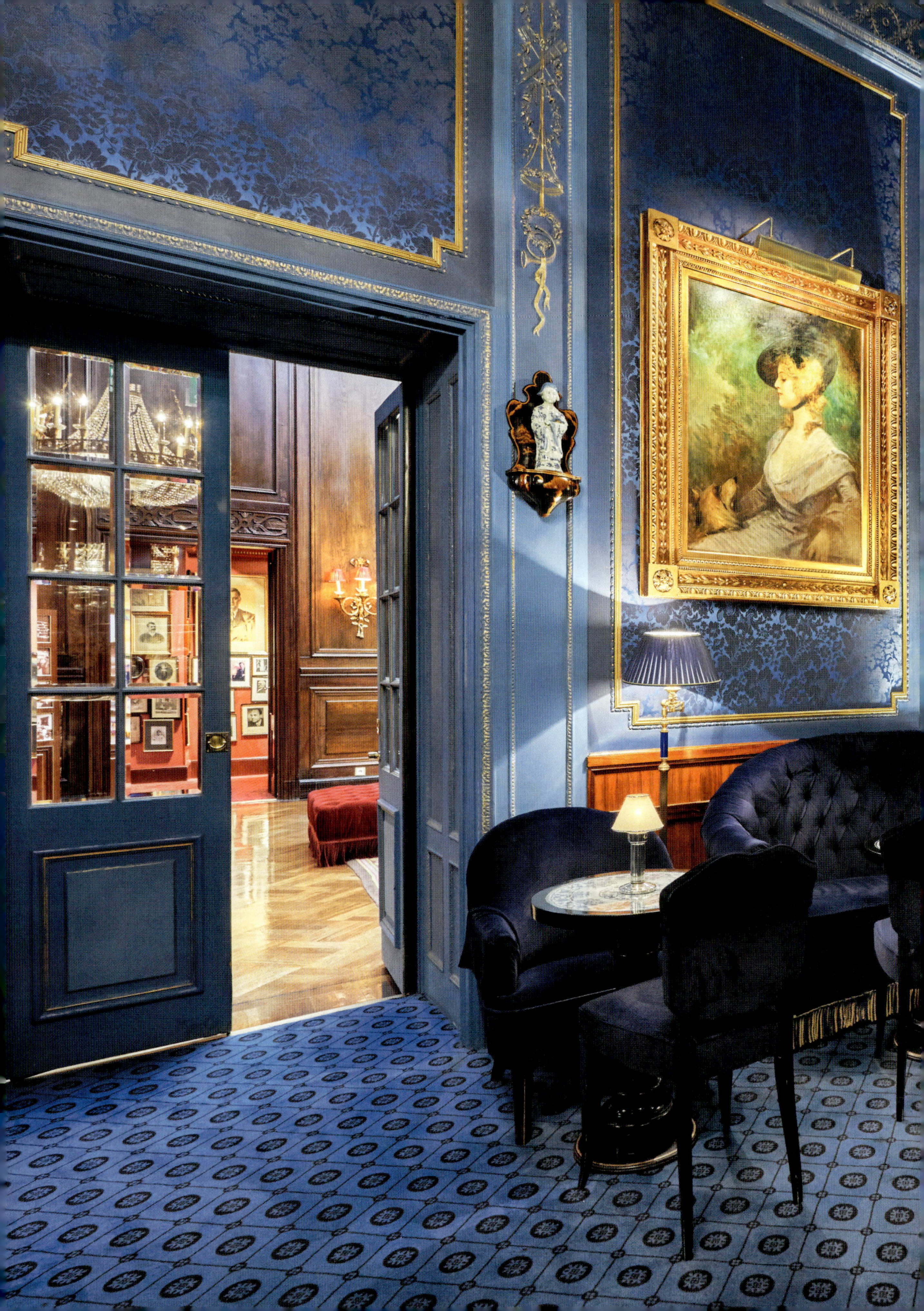

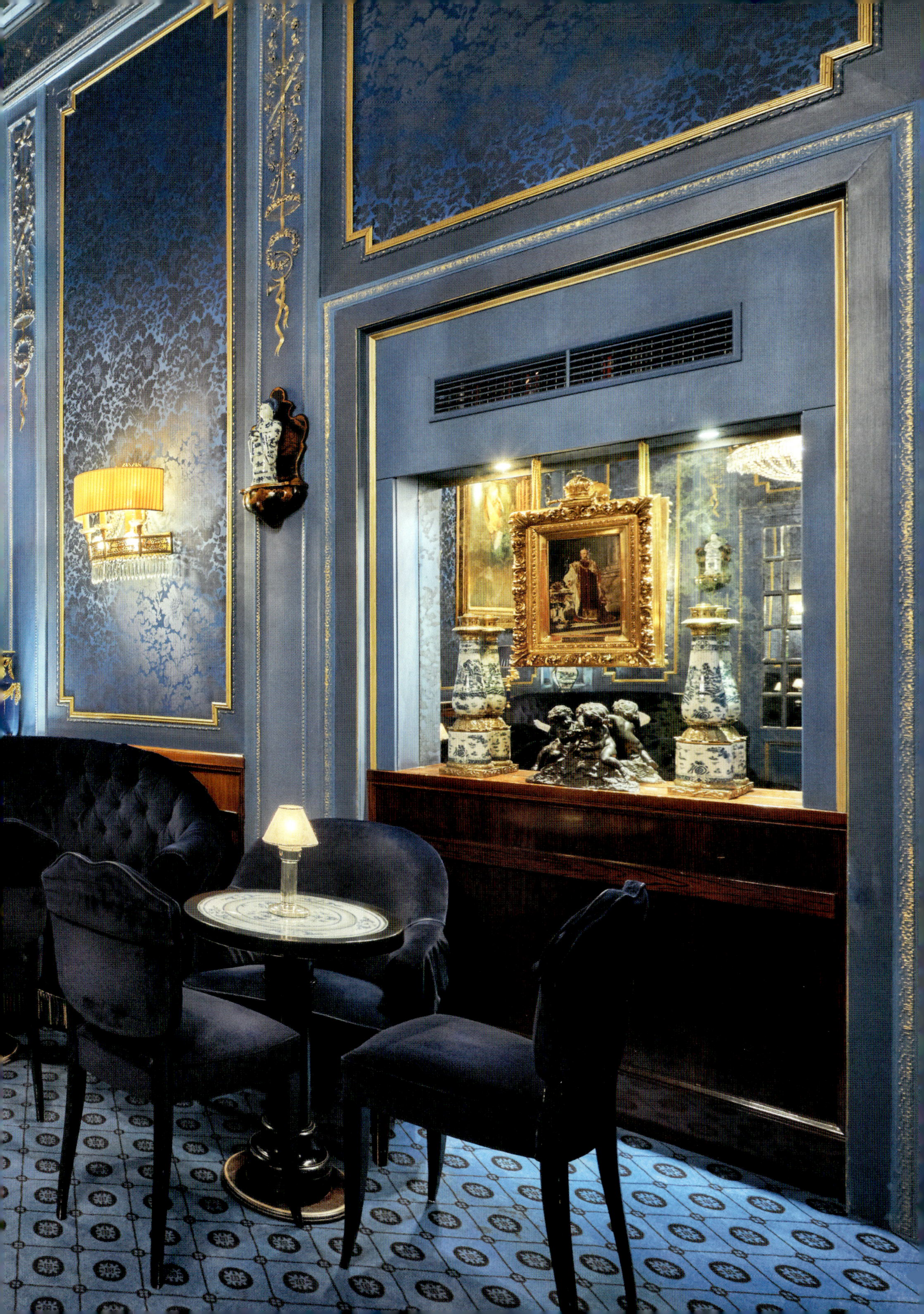

Fotos zeigen die durchsetzungsfähige, Zigarren rauchende, apart frisierte Frau mit ihren Französischen Bulldoggen, den Sacher-Bullis, die – der Legende nach – bisweilen mit Kaviar gefüttert wurden. Sie ging keinem Konflikt aus dem Weg, legte sich wiederholt mit dem populären Wiener Bürgermeister Karl Lueger an, machte in den Jahren vor dem Ersten Weltkrieg ihr Hotel zu einem Treffpunkt für Diplomaten, den Hochadel und das Militär und pflegte dabei eine Diskretion an den Tag zu legen, die von den vielbeschworenen, wohl recht freizügigen Zusammenkünften in den Separees des Hotels wenig Detailliertes nach außen dringen ließ. Kein Wunder, dass der mit dem Sacher gut vertraute Arthur Schnitzler, der Meister erotisch grundierter Prosa und Theaterstücke, in seinem Schauspiel *Anatol* zum Abschiedssouper in ein »Cabinet particulier bei Sacher« bittet.

Anna Sacher verstand es mit ihrer Persönlichkeit, vor allem Männer zu beeindruckenden und zu fantasievollen Beschreibungen anzuregen. In Emil Seeligers vielgelesenem, 1931 erstmals erschienenem romanartigen Bericht *Hotel Sacher in Wien. Weltgeschichte beim Souper*, dessen Auflage von 1939 übrigens eilfertig das Loblied auf den das »Wunder der Erlösung« bringenden Adolf Hitler singt, ist Anna Sacher ein »Unikum auf Erden«, und Felix Salten, der sowohl als Autor der anrührenden Tiererzählung *Bambi* als auch der pornografischen Dirnengeschichte *Josefine Mutzenbacher* in die Literaturgeschichte einging, behalf sich mit ausgesuchten Vergleichen: »Sie war pikant, sogar reizvoll, mit einem blitzgescheiten, scheinbar mürrischen, aber von tausend Teufeleien durchzuckten Soubrettengesicht.« Auch ins Wienerlied hielt Anna Sacher Einzug: 1952, 22 Jahre nach ihrem Tod,

Kunst (Anton Faistauer) und Kochkunst (Schlepp, Herz und Bries vom Milchkalb): im Anna Sacher.

komponierte Josef Fiedler *Die Frau Sacher*, dessen Textdichter Josef Petrak zwei ältere Herren über »entschwundenes Glück« räsonieren lässt, von einem schüchternen »Kontesserl« im Hotelseparee erzählt und in einen schönen Refrain überführt: »Excellenz, Sie hab'n noch die Frau Sacher gekannt, / da war'n halt noch andere Zeiten im Land.«

Als Anna Sacher, die sich nach dem Ersten Weltkrieg mehr und mehr aus dem Hotelbetrieb zurückgezogen hatte, starb, war das Sacher hochverschuldet; den Konkurs 1934 musste sie nicht mehr miterleben. Ihr Wirken ist bis heute an allen Ecken und Enden des Hotels spürbar, vor allem durch das Gästetuch, das – von dickem Glas gut geschützt – zu den Glanzstücken der Sacher-Sammlung zählt. Um die Jahrhundertwende wohl kam Anna Sacher auf eine unnachahmliche Marketingidee: Sie wollte, dass sich ihre hochnoble Kundschaft nicht in einem simplen Gästebuch verewigte, sondern auf einem feinen Damasttischtuch. Stieß dieses Ansinnen anfänglich auf Zurückhaltung, so entzog sich bald kaum einer, und im Lauf der Jahre hinterließen über 400 der berühmtesten Sacher-Gäste ihre Unterschrift auf dem Tuch, darunter Serbiens König Milan I., Russlands Großfürst Nikolaj Nikolajewitsch, Herzog Albrecht von Württemberg, Graf Schönborn, Fürst Kaunitz – ein wahrer »Gotha auf Leinwand« (Leo Mazakarini). Sämtliche Namenszüge wurden übrigens von der Patronin selbst in bunter Seide nachgestickt. Einer freilich fehlte bedauerlicherweise in der Sammlung: Kaiser Franz Joseph, der das Hotel wegen seines halbseidenen Images mied. Doch auch hier wusste sich Anna Sacher zu helfen: Sie bat die Franz Joseph sehr eng verbundene Schauspielerin Ka-

Wer suchet, der findet: den Weg zur Rezeption.

tharina Schratt darum, den Kaiser ein Mundtuch signieren zu lassen – was dieser gerne tat und was der auch in Handarbeiten versierten Gastronomin ermöglichte, die unterschriebene Serviette in die Mitte des Gästetuchs einzunähen. So wurde der alte Kaiser doch noch Teil der eindrucksvollen Tischdecke.

Wenngleich bis heute die Crème de la Crème des Adels und Politiker aller Couleur im Sacher Station machen, hat sich das Hotel vor allem als Unterkunft für Schauspieler und Sänger seinen Prominentenstatus erhalten. Viele Wände im Erdgeschoss sind übersät mit signierten Fotografien, die belegen, welche gefeierten Häupter das Sacher beherbergen durfte. Alle Namen aufzuzählen ist unmöglich … Emmerich Kálmán, Curd Jürgens, Peter Kreuder, dessen Werkverzeichnis als Opus 500 den Konzertwalzer *Frau Sacher* aufführt, Plácido Domingo, Leo Slezak, Herbert von Karajan, Maximilian Schell, Rudolf Nurejew, Romy und Magda Schneider, John Lennon und Yoko Ono, die in ihrem Zimmer unbekleidet unter Bettlaken zu einer friedensbewegten Pressekonferenz einluden … Mancher erkor das Sacher sogar zu seinem Hauptwohnsitz wie der Dramaturg und Musikkritiker Marcel Prawy, der bis zu seinem Tod 2003 dort wohnte, und mancher wie der Schauspieler Ernst Waldbrunn fand für seine langen Aufenthalte eine einleuchtende Begründung: »Ich kann mir allein net amal an Knopf annähen; dort gibt's die besten Stubenmädchen, die besten Köche, die besten Portiers. Im Armenhaus kann a jeder z'grund gehen. Aber im Sacher?« Und fehlen darf im Sacher-Kabinett auf gar keinen Fall Waldbrunns Kollege Fritz Eckhardt, der die 1973/74 erstmals ausgestrahlte TV-Serie *Hallo – Hotel Sacher … Portier!* schrieb und die Hauptrolle, den Chefportier Oswald Huber, selbst spielte. Die kuriosen Episoden der Serie führten dazu, dass fortan Scharen von Touristen die Rezeption stürmten und sich wunderten, nicht von Fritz Eckhardt und seinen Fernsehkollegen persönlich empfangen zu werden.

Filme, die im Sacher spielen oder es als Kulisse nutzen, gibt es viele. Die Idee zu einem besonders berühmten Wien-Film – *Der dritte Mann* (1949) – entstand, wie es heißt, im damals von den Briten be-

»Excellenz, Sie hab'n noch die Frau Sacher gekannt, da war'n halt noch andere Zeiten im Land.«
JOSEF PETRAK

setzten Sacher, wo der Schriftsteller Graham Greene 1947 an der Bar das Drehbuch für Carol Reeds Film skizzierte. Hauptdarsteller Orson Welles soll der Sachertorte heftig zugesprochen haben. Gedreht wurde der Film an anderen Wiener Örtlichkeiten.

Welcher Schauspieler, welche Königliche Hoheit mag da wohl vorfahren?

Und wer gehört ansonsten zur Sacher-Literaturgeschichte? Der Erzähler Ferdinand von Saar beging im Sacher seinen sechzigsten Geburtstag. Karl Kraus, kein Freund des Hotels, erwähnt es immerhin in *Die letzten Tage der Menschheit*; Gerhart Hauptmann und Gustav Mahler trafen sich dort; Carl Zuckmayer und Sir Peter Ustinov waren Gäste. Der Grazer Dramatiker Wolfgang Bauer, der Ende der 1960er-Jahre zu einem der wichtigsten österreichischen Dramatiker avancierte, machte wie einst Schnitzler das Sacher zum Schauplatz eines Stückes: *Silvester oder Das Massaker im Hotel Sacher*. Im Mittelpunkt steht ein Schriftsteller, dem nichts einfällt und der die Silvesterparty im Sacher dazu nutzen will, einem Intendanten sein neues Stück zu überreichen. Obwohl Helmut Qualtinger bei der Uraufführung 1971 die Hauptrolle spielte, geriet das derbe Stück schnell in Vergessenheit – allzu traurig dürfte man im Sacher darüber nicht sein.

Freudiger hingegen zitiert man Bauers Kollegen Friedrich Torberg, der sich – wir kehren zum Anfang zurück – in seiner urösterreichischen Sammlung *Die Tante Jolesch oder Der Untergang des Abendlandes in*

Anekdoten der Sachertorte auf eindringliche Weise angenommen hat. Darüber, wem es zustehe, »Original Sacher-Torten« zu verkaufen, kam es zu einem erbitterten Rechtsstreit zwischen dem Hotel Sacher und der Hofzuckerbäckerei Demel, der erst Anfang der 1960er-Jahre beigelegt wurde. Demnach darf allein das Sacher das Attribut »Original« verwenden und versieht seine heute in allen Variationen und Größen verkauften und in alle Welt verschickten Torten mit einem Schokoladensiegel.

Friedrich Torberg trat im Gericht als Zeuge auf und schloss sich der Demel'schen Argumentation an. In der *Tante Jolesch* hat er den verzwickten Sachverhalt festgehalten: »Was hingegen die Sachertorte betrifft, so beharre ich auf meiner schon vor dem Gericht – oder, um gastronomischen Doppeldeutigkeiten vorzubeugen: vor dem Gerichtshof – gemachten Aussage, dass die Original-Sachertorte zu Anna Sachers Lebzeiten in der Mitte nicht durchgeschnitten und nicht mit Marmelade gefüllt war; dass lediglich unter der Schokoladenglasur, um sie der Tortenmasse haltbar zu verschwistern, eine dünne Marmeladenschicht angebracht wurde; und dass die Torte in dieser originalen Form heute nicht von dem in andere Hände übergegangenen Hotel Sacher, sondern von der Konditorei Demel hergestellt wird.« Torbergs detailreich-spitzfindige Kommentare zur Urteilsbegründung können aus Platzgründen hier nicht ausgebreitet werden; sie lassen sich leicht nachlesen.

So reichen die Folgen von Franz Sachers Dessertkomposition aus dem Jahr 1832 bis in unsere Tage hinein. Der manchmal von juristischen Auseinandersetzungen überlagerte Schokoladenduft hat sich im Sacher und seinen Restaurationen erhalten – bis in die Badezimmer hinein, wo auch der an Süßigkeiten nicht Interessierte von schokoladig duftender Seife empfangen wird.

Hotel Sacher Wien,
Philharmonikerstraße 4, 1010 Wien, Österreich
www.sacher.com

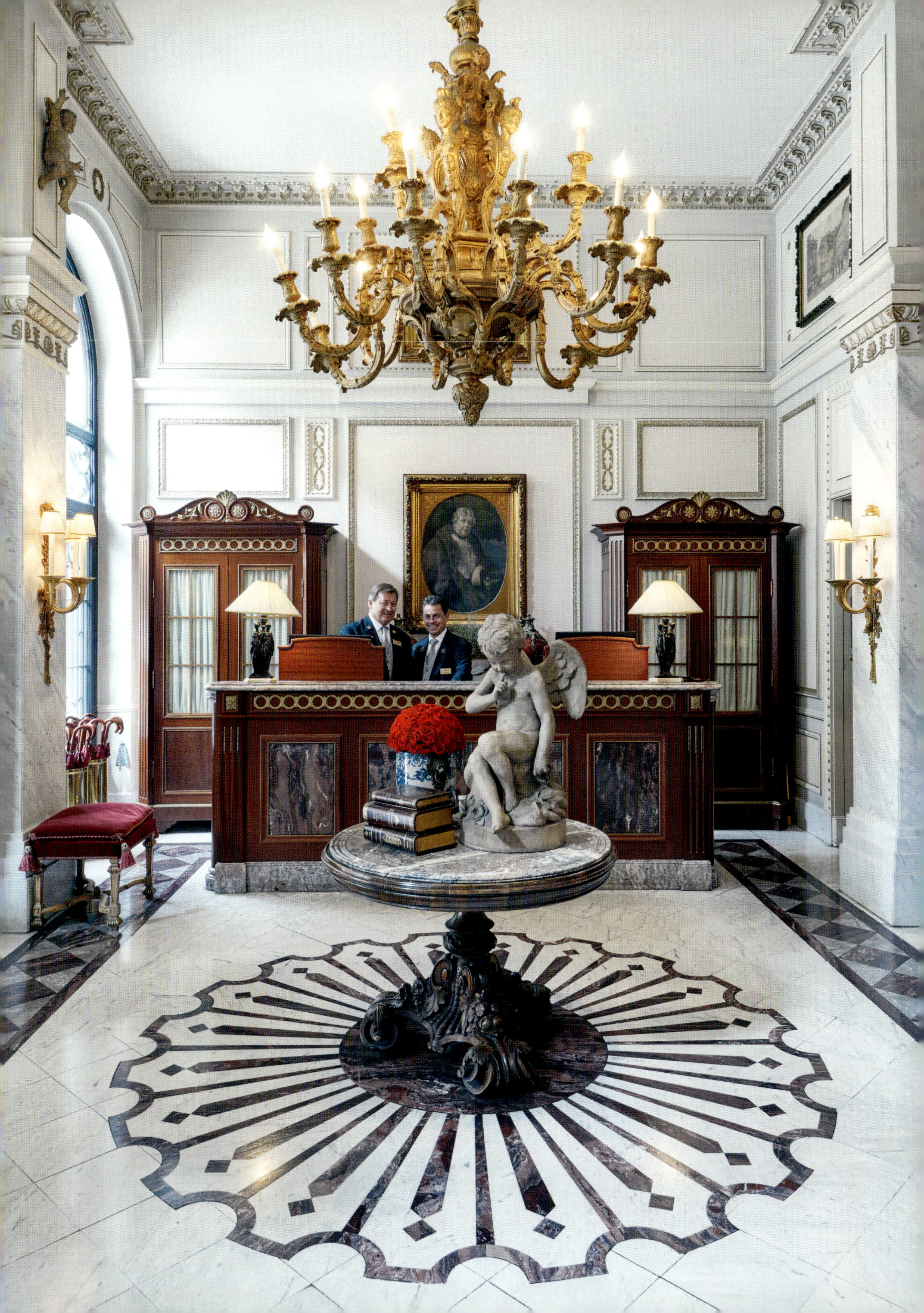

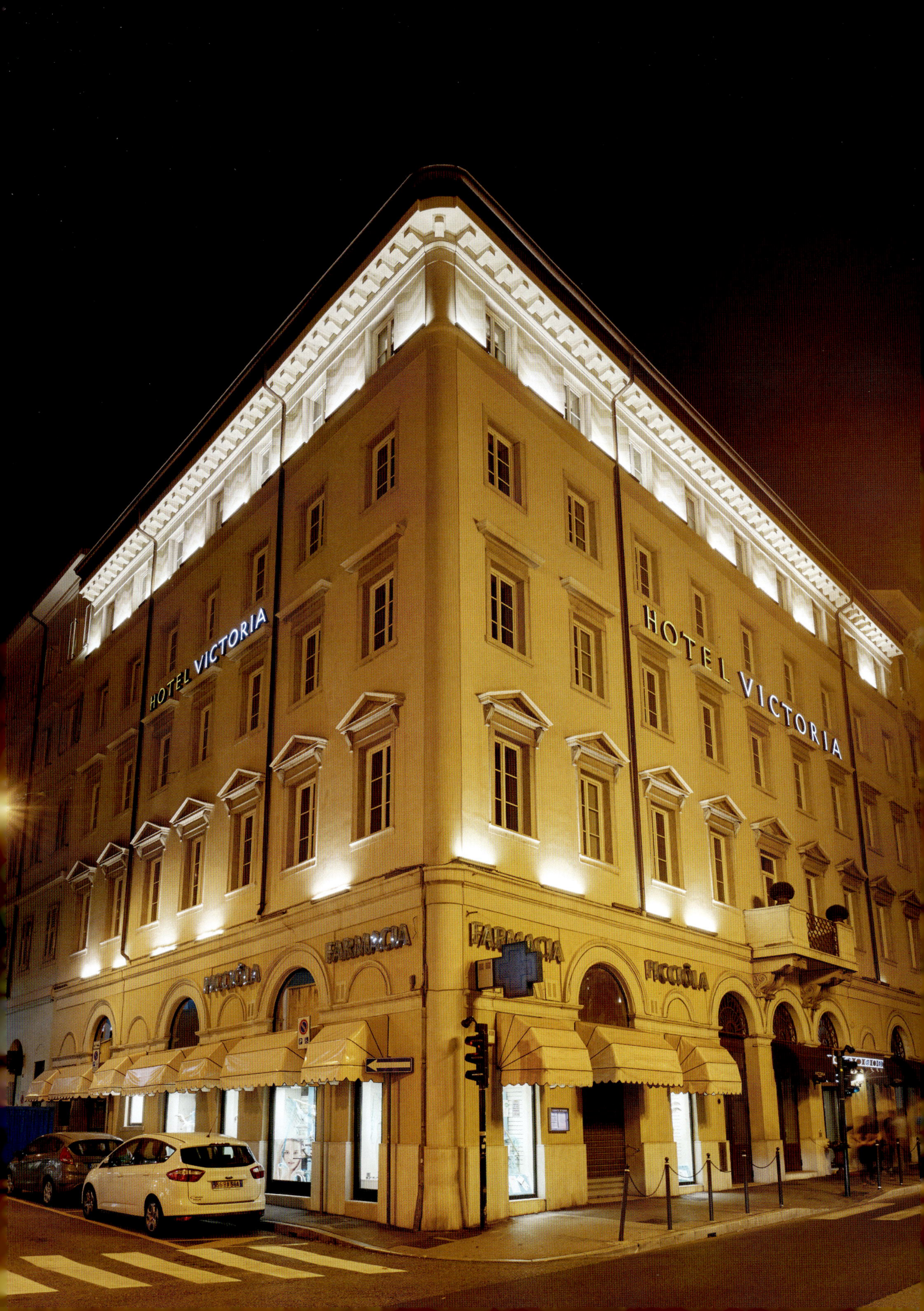
HOTEL VICTORIA
HOTEL VICTORIA
FARMACIA
FARMACIA

HOTEL VICTORIA, TRIEST

KÜNDIGUNG EINES MIETERS

In jedem Zimmer findet sich so neben den Baldachinbetten ein Bücherstapel mit den unterschiedlichsten Ausgaben der *Dubliners*, des *Ulysses* oder des *Porträt eines Künstlers als junger Mann*.

Vielleicht liegt es daran, dass ich an einem schwülwarmen Spätsommersonntag nach Triest komme. Die Luft steht; ab und zu fahren Autos und Motorräder durch die Stadt, doch selbst deren Fahrer scheinen sich, anders als an Werktagen, der gedämpften Stimmung anzupassen und legen keine Eile an den Tag. Versprengte Touristengrüppchen bahnen sich über den Corso Italia den Weg zum Hafen; andere kehren im Caffè degli Specchi oder im Caffè Tommaseo ein und lesen in einem Buch, das der aus Triest stammende Schriftsteller und Literaturwissenschaftler Claudio Magris zusammen mit Angelo Ara 1983 veröffentlichte: *Triest. Eine literarische Hauptstadt in Mitteleuropa*. Als »Stadt am Rande« bezeichnen die beiden Autoren das an der Grenze zu Slowenien und Kroatien liegende Triest, als »Abstellkammer der Zeit, jenes großen Trödlers, unter dessen Händen die Lorbeerkränze zu dürrem Laub werden und der Ruhm zu Plunder«.

Ja, Triest hat sich, nicht nur an trägen Sonntagnachmittagen, den Charme des Hinfälligen und Verträumten bewahrt, obwohl nach 1990 durch die Öffnung des Ostens die ökonomische Isolation der Stadt durchbrochen wurde und der Besucherstrom seitdem merklich ansteigt. Trotz ihrer rund 200.000 Einwohner ist die sich um den Golf von Triest schmiegende, erst seit 1975 offiziell zu Italien gehörende Stadt übersichtlich geblieben und lädt den Schlendernden dazu ein, sich an die Zeiten zu erinnern, als sie Teil der Habsburgermonarchie oder nach dem Zweiten Weltkrieg Zankapfel zwischen Jugoslawien und Italien war. Und natürlich daran, dass sich Triest seit Ende des 19. Jahrhunderts zu einem beachtlichen Brennpunkt der modernen Literatur entwickelt hat.

Umberto Saba, Theodor Däubler, der Slowene Boris Pahor und Italo Svevo – von ihm wird noch die Rede sein – sind beispielsweise in Triest geboren. Dass die Stadt nichts von ihrer Anziehungskraft verloren hat, zeigt sich auch darin, dass der Schriftsteller Veit Heinichen seit 1997 hier wohnt und mit seinen erfolgreichen, mit landesgeschichtlich-politischen Kenntnissen gesättigten Kriminalromanen um Commissario Proteo Laurenti seine Leser gleichsam dazu nötigt, auf den Spuren seines Ermittlers zu wandeln. Von Ende 1911 bis Mitte 1912 hielt sich Rainer Maria Rilke ganz in der Nähe auf, auf Schloss Duino, wo er seine berühmten Elegien schrieb – genau zu der Zeit, als einer der größten Romanciers des 20. Jahrhunderts, der Ire James Joyce, im dritten Stock eines Hauses in der Via della Barriere Vecchia 32 (heute Via Alfredo Oriani 2) ein Apartment bewohnte. Damals gehörte das wuchtige, vierstöckige Gebäude an der Ecke zur Via Antonio Caccia der ehrwürdigen Apothekerfamilie Picciola, die offenkundig ihre Probleme mit dem seinerzeit unbekannten Schriftsteller und finanziell stets klammen Sprachlehrer Joyce hatte. Eine Plakette am Haus – Station 23 des James-Joyce-Weges durch Triest – hält unzweideutig fest, dass Joyce und seine spätere Frau Nora den Picciolas die Miete schuldig geblieben seien und

Ein »Hotel Letterario« ist seinem Namen verpflichtet: Lektüre steht im Mittelpunkt.

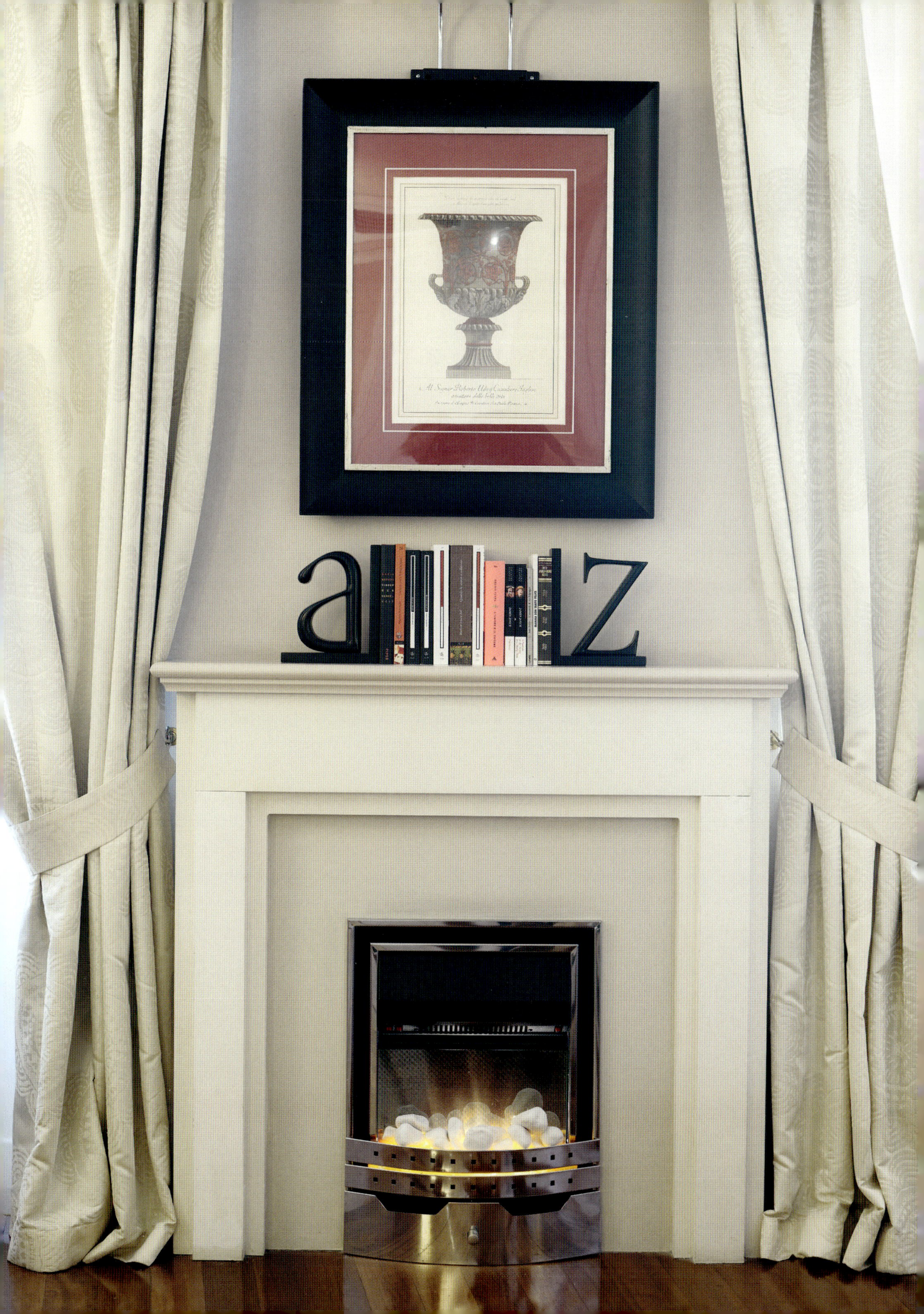

deshalb die Kündigung erhalten hätten. Notgedrungen zog Joyce ein paar Straßenzüge weiter in die Via Donato Bramante, wo er seinen einzigen in Triest angesiedelten Text schrieb, das Prosagedicht *Giacomo Joyce*.

Die Apotheke der Picciolas existiert noch heute, doch die Besitzverhältnisse haben sich verändert: Eigner des Gebäudes ist inzwischen eine Veroneser Familie, und die Picciolas, die Joyce das Leben schwermachten, sind zum – hoffentlich zahlungsfähigen – Mieter geworden. Anfang 2009 eröffneten die neuen Besitzer ihr 4-Sterne-Hotel Victoria, das über 44 Zimmer, acht Junior-Suiten und eine opulente – natürlich James Joyce dedizierte – Luxussuite verfügt. Die Eigentümer und ihr Geschäftsführer Lorenzo Vidoni verstehen es, den Ruhm des einstigen Mieters unaufdringlich zu nutzen und auf wohlüberlegte Weise dessen Werke ins Zentrum zu rücken.

Etwa ein Viertel der Gäste kommt aus Österreich und Deutschland. Während unter der Woche vorwiegend italienische Geschäftsleute im Victoria logieren und das kleine Wellness-Areal zu schätzen wissen, sind es an den Wochenenden – und vor allem im Sommer – immer häufiger kulturinteressierte Besucher, die Venedig oft genug gesehen haben und das unaufgeregte Triest genießen wollen. Sie können darauf vertrauen, dass man im Victoria das Andenken an den einstigen Mieter James Joyce nachdrücklich und dezent zugleich bewahrt. In jedem Zimmer findet sich so neben den Baldachinbetten ein Bücherstapel mit den unterschiedlichsten Ausgaben der *Dubliners*, des *Ulysses* oder des *Porträt eines Künstlers als junger Mann*. Die Bibliothek im Zwischengeschoss erlaubt, die Lektüre mühelos fortzusetzen. Sie umfasst eine Vielzahl von Titeln, die sich mit der Geschichte von Triest befassen, noble Klassikerausgaben der Werke Schnitzlers, Chandlers oder Buzzatis und selbstverständlich auch Renzo S. Crivellis *James Joyce. Itinerari triestini*, eines der maßgeblichen Bücher, die Joyces sechzehn Jahre währenden Aufenthalt in Triest dokumentieren.

Der 1882 in Dublin geborene Joyce kam, seiner Heimatstadt überdrüssig, erstmals im Oktober 1904 nach Triest – angelockt durch eine Stellenausschreibung der Berlitz School und in Begleitung seiner Freundin Nora Barnacle, die er erst kurz zuvor kennengelernt hatte. Als sich unglücklicherweise herausstellte, dass der Posten als Sprachlehrer bereits vergeben war, schickte man ihn in eine Zweigstelle nach Pola auf der Halbinsel Istrien, wo Joyce bis zum März 1905 lehrte, ehe er wieder nach Triest an die Schule zurückkehrte. Von einigen Unterbrechungen abgesehen – etwa im Ersten Weltkrieg, als er aus Sicherheitsgründen nach Zürich zog –, lebte er bis 1920 in Triest. Er unterrichtete verschiedenenorts, nahm Gesangsunterricht, wurde zweifacher Vater und erlebte eine literarisch äußerst produktive Zeit. Er vollendete die *Dubliners*, verfasste Lyrik und Theaterstücke und begann am *Ulysses* zu arbeiten, jenem Roman, der seinen Weltruhm begründen sollte.

Zu den größten Verdiensten der Berlitz School gehört, dass sie zwei der bedeutendsten europäischen Schriftsteller des 20. Jahrhunderts zusammenbrachte: James Joyce und Italo Svevo. Letzterer, als Ettore Schmitz 1861 in Triest geboren, verdiente sein Geld als Unternehmer – fernab von der Literatur, nachdem seine Ende des 19. Jahrhunderts erschienenen und von ihm selbst finanzierten Romane *Ein Leben* und *Ein Mann wird älter* nahezu unbeachtet geblieben waren. Unzufrieden mit seinen englischen Sprachkenntnissen, beschloss Svevo 1907, Unterricht an der Berlitz School zu nehmen – und lernte James Joyce kennen. Dieser unterrichtete den ungewöhnlichen Schüler, las seine frühen Werke, die eine wunderbar zu Triest passende Melancholie ausstrahlen, und erkannte deren Qualität sofort. Zwischen beiden entwickelten sich eine Freundschaft und ein Austausch über literarische, philosophische und religiöse Themen. Svevo gilt als eines der wesentlichen Modelle für die Figur des Leopold Bloom im *Ulysses*.

Möglichkeiten, den literarischen Heroen Joyce und Svevo in Triest zu begegnen, gibt es zahllose. Beiden sind Spaziergänge durch

>»Triest – Abstellkammer der Zeit,
jenes großen Trödlers, unter dessen Händen
die Lorbeerkränze zu dürrem Laub werden.«
CLAUDIO MAGRIS / ANGELO ARA

die Stadt gewidmet, beide begegnen einem als Statuen des Künstlers Nino Spagnoli – die Svevos steht auf der Piazza Hortis, die Joyce'sche in der Via Roma – und beider Leben und Werk wird in Museen präsentiert, im Museo Sveviano und im Museo Joyciano. Nicht überall freilich, wo mit dem Namen der Dichter geworben wird, lassen sich Bezüge herstellen. Das kleine Hotel James Joyce in der Via dei Cavazzeni vermittelt trotz seines selbstbewusst gewählten Namens auch dem begeistertsten Literaturreisenden keinerlei Auraüberbleibsel des Iren. Im Victoria hingegen weiß man, was man seinem ehemaligen Hausbewohner schuldet, und hat den 1961 geborenen Designer und Architekten Gustavo Palumbo, genannt Jervée, mit einem »Projekt Ulysses« beauftragt. So ziehen sich durch das ganze Hotel über dreißig Gemälde antiker Monumente, die mit Zitaten aus Joyces Roman überschrieben sind, und erlauben es – sofern man des Italienischen mächtig ist –, eine Reise quer durch die Künste und die Zeiten zu unternehmen.

»Hotel Letterario« nennt sich das Victoria, und die damit verbundene Erwartung erfüllt sich, kaum dass man das Hotel betreten hat. Helle Farben und Lichtquellen aller Art dominieren die Räume mit ihren zahlreichen ruhigen Nischen und Winkeln, die eine angenehme Kleinteiligkeit vermitteln. Dekorative Details finden sich allenthalben, die mit Wandelementen aus Naturstein in jedem Zimmer anregende Kontraste bilden. Wer bei einem Rundgang durch Triest ins Interieur des Victoria gelangt, muss sich nicht neu orientieren. Das Hotelensemble verkörpert auf geschickte Weise, ohne zu stark in der Tradition zu verharren, was das Wesen der Stadt ausmacht.

Der Name des Hotels bezieht sich übrigens zum einen auf die MS Victoria, einen in Triest gebauten, 165 Meter langen Passagierdampfer, der als erstes italienisches Schiff seiner Art mit einer Klimaanlage ausgestattet war. 1932 machte sich der ob seiner Eleganz vielgelobte Dampfer erstmals Richtung Bombay auf. Zum anderen nimmt »Victoria« Bezug auf den Triestiner Siegesleuchtturm, dessen Abschluss die Statua

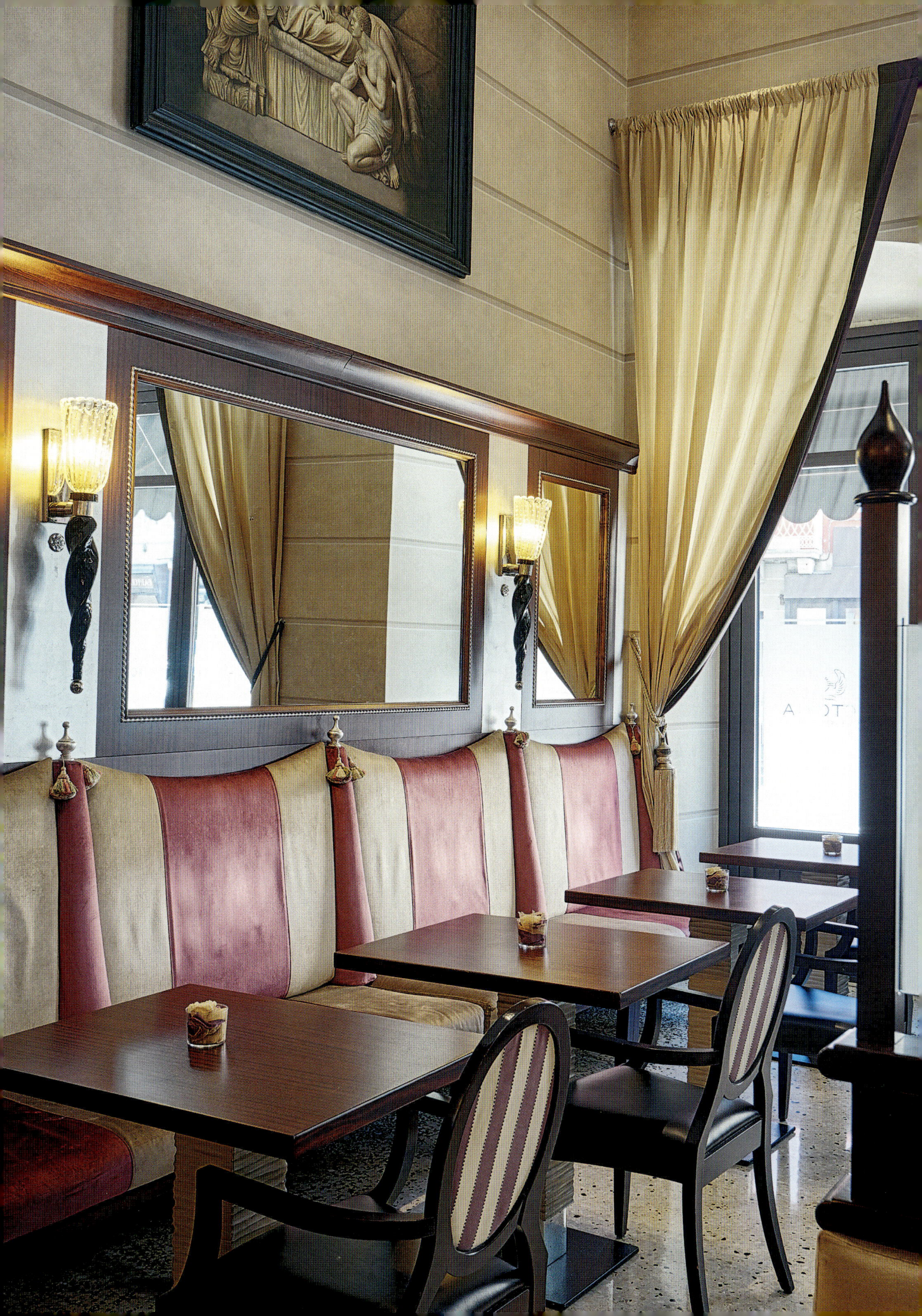

della Vittoria, eine von dem Bildhauer Giovanni Mayer geschaffene Bronzefigur der Göttin Victoria, bildet. Die Profilansicht der eine Fackel tragenden, geflügelten Göttin greift das luftige Hotelsignet auf.

Von der zweiten Galerie des Leuchtturms lässt sich der Golf von Triest traumhaft überblicken, und man versteht einmal mehr, warum sich Künstler von der »widerspenstigen Schönheit« (Umberto Saba) Triests so angezogen fühlten und fühlen. »Als bewege man sich im Wesenlosen« – so fasste vor gut einhundert Jahren der Österreicher Hermann Bahr seine ihn irritierenden ersten Eindrücke einer Stadt zusammen, die für ihn das Gefühl des Unsteten und Randständigen verbildlichte. Oder mit den Worten von James Joyce, die er in einem im Oktober 1909 an Nora gerichteten Brief schrieb: »Meine Seele ist in Triest«. Damals hielt sich Joyce einige Zeit in Dublin auf, und nicht immer war es in erster Linie seine Seele, die sich nach Triest und nach Nora, dem »sweet naughty little fuckbird«, verzehrte. In die Literatur eingegangen sind diese Briefe als Joyces sexuell eindeutige »dirty letters«, doch das ist eine andere Geschichte …

Hotel Victoria, Via Alfredo Oriani 2, 34131 Triest, Italien
www.hotelvictoriatrieste.com

VICTORIA

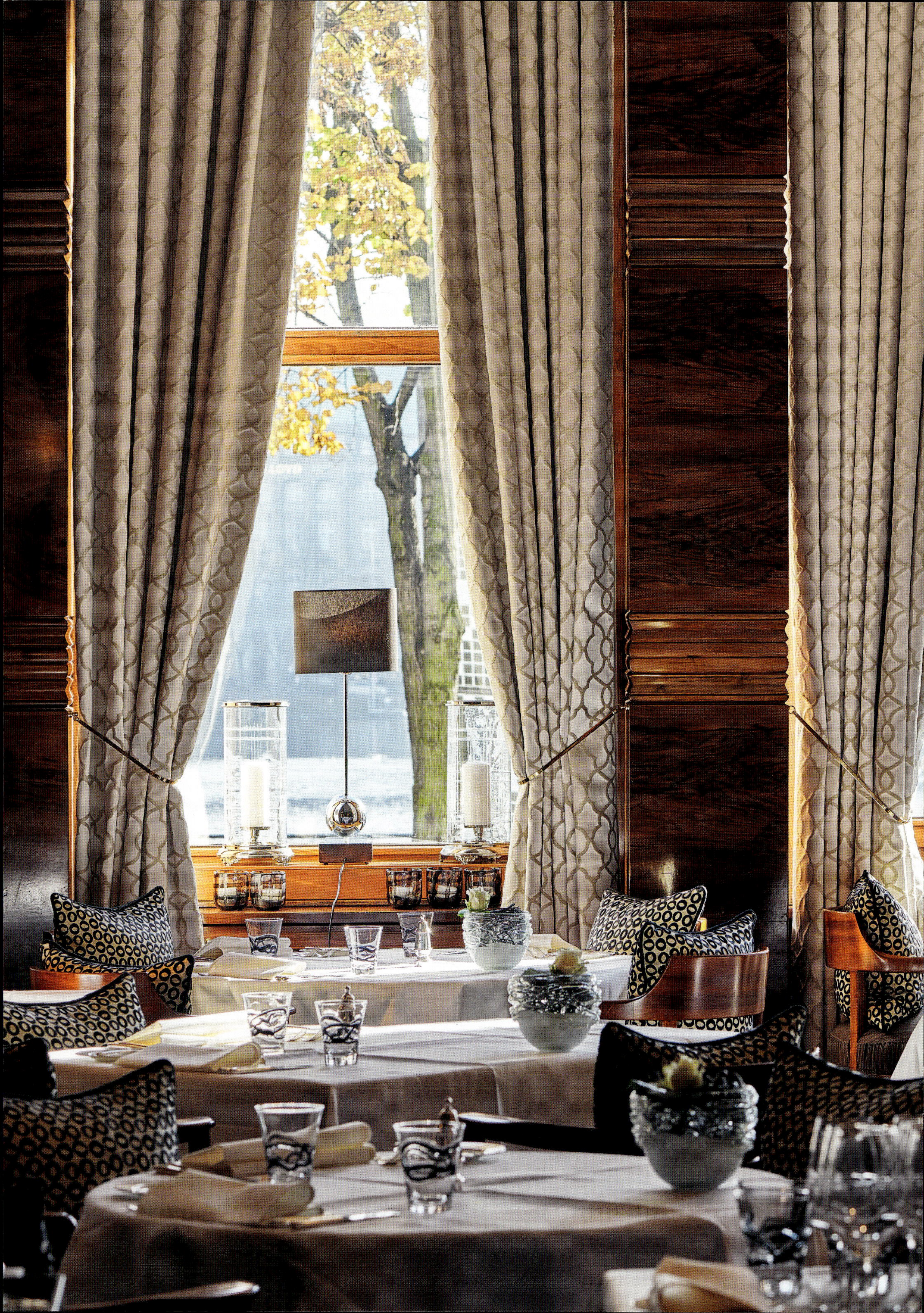

FAIRMONT HOTEL VIER JAHRESZEITEN, HAMBURG

DER KLASSIKER

Wer darauf hofft, einen leibhaftigen Weltstar zu Gesicht zu bekommen, macht bei Kaffee und Kuchen Station in der einzigartigen »Wohnhalle« des Hotels, die Friedrich Haerlin 1912 als »Gesellschaftshalle mit Alsterblick« eröffnete.

Nein, Gaisburger Marsch steht nicht auf der Speisekarte. Keine der kulinarischen Anlaufstellen im Hamburger Fairmont Hotel Vier Jahreszeiten – weder das mit zwei Michelin-Sternen und neunzehn Punkten im Gault-Millau ausgezeichnete Restaurant Haerlin, noch der unverwüstliche Jahreszeiten-Grill, noch das Doc Cheng's mit seiner exquisiten euro-asiatischen Küche – bietet das urschwäbische Eintopfgericht aus Spätzle, Kartoffeln und Rindfleisch an. Ein Versäumnis, so will es scheinen, denn im Stuttgarter Vorort Gaisburg stand die Wiege des Mannes, der im Februar 1897 – just an dem Tag, als er seinen vierzigsten Geburtstag feierte und damit die Weisheit des Schwabenalters erlangte – das unscheinbare Hotel Vier Jahreszeiten am Hamburger Jungfernstieg ersteigerte.

Friedrich Haerlin konnte damals bereits eine beachtliche Karriere in der Hotellerie – zuletzt leitete er zusammen mit seiner aus Bremen stammenden Frau Thekla das angesehene Hotel Bellevue in Thun – aufweisen. Mit unermüdlichem schwäbischen Fleiß und immenser Beharrlichkeit gelang es ihm, in vergleichsweise kurzer Zeit das Hotel zur ersten Adresse in der Stadt zu machen. Er kaufte mehrere Häuser hinzu und gab der Straßenfront eine einheitliche Fassade, die Anfang der 1930er-Jahre ihr Wahrzeichen erhielt: das grüne kupferne Satteldach. Unaufdringlich fügt sie sich mit ihrer klaren Linienführung, die keine Erkerchen oder Prunkeingänge benötigt, in das Ensemble rund um die Binnenalster ein – hanseatisch eben.

»Spürbare Konkurrenz« wie das 1909 eröffnete Hotel Atlantik an der Außenalster spornte ihn an, und die Lehrsätze, die Haerlin seinen Mitarbeitern predigte, prägen das Vier Jahreszeiten bis heute. »Service, Service, Service« – diese Trias machte in seinen Augen das Merkmal eines Grandhotels aus, das mehr als augenscheinlichen Luxus bieten wollte. Und mit schwäbischem Understatement verwies er darauf, dass das Funktionieren eines großen Hotels sich kaum von dem eines ordentlichen Haushalts unterscheide: »Es ist alles wie bei uns zu Hause. Wenn wir Gäste einladen, dann ist alles schön sauber, der Tisch ist gedeckt, es ist gut und ausreichend gekocht, und wir haben uns adrett angezogen, freuen uns auf unsere Gäste. Nichts anderes machen wir im Hotel – nur, dass alles ein bisschen größer ist.«

Das Vier Jahreszeiten ist der Klassiker unter den Hamburger Hotels. Es trägt keinen Pomp zur Schau und baut nicht allein auf seine internationalen Gäste – Skandinavier zum Beispiel, die Hamburg seit einiger Zeit auf ihren Reisen gen Süden gern zu einem Shoppingboxenstopp nutzen. Es hat sich als Hamburger Institution behauptet, und wer etwas auf sich hält und nicht jeden Euro umdrehen muss, lässt es sich nicht nehmen, runde Geburtstage oder Firmenjubiläen im Hotel zu feiern oder wenigstens seinen Einkaufsbummel mit einem Besuch im Café Condi zu unterbrechen. Selbst die nicht zur Verschwendung neigende

Irgendwo da draußen warten
Jungfernstieg und Binnenalster –
hier drinnen hält die Zeit inne.

Inge Meysel fuhr regelmäßig mit ihrem Mercedes dort vor, um sich, laut die überhöhten Preise beklagend, mit Aprikosenkuchen zu versorgen.

Wer darauf hofft, einen leibhaftigen Weltstar zu Gesicht zu bekommen, macht bei Kaffee und Kuchen Station in der einzigartigen »Wohnhalle« des Hotels, die Friedrich Haerlin 1912 als »Gesellschaftshalle mit Alsterblick« eröffnete. Gleichgültig, zu welcher Tageszeit man das Hotel betritt: In der Wohnhalle, die stets so dezent renoviert wurde, dass selbst Stammgäste die Veränderungen nicht sofort bemerkten, herrscht Betriebsamkeit, deren von noblen Teppichen gedämpfter Geräuschpegel nie zu stark ausschlägt. Nichts, so will es scheinen, kann einem hier etwas anhaben – weshalb also freiwillig seinen Platz im Sessel räumen?

Fraglos zählt das weitgespannte Panorama, das sich von vielen der 156 Zimmer aus öffnet, zu den Attraktionen des Hotels. Man blickt über die Fontäne hinweg hinüber zum Ballindamm, sieht zur Rechten den Jungfernstieg mit seinem Schiffsanleger und beginnt die Hamburger Kirchtürme zu zählen. Das Vier Jahreszeiten liegt im Herzen der Stadt. Thalia Theater, Oper, Neuer Wall, Große Bleichen, Rathaus, alles ist bequem zu Fuß zu erreichen, und nach einer Stadterkundung erklimmt man umso freudiger die sieben Marmorstufen des Eingangs und kehrt in die – wie es 1912 in Reclams *Universum* hieß – »vornehme Stätte des Behagens« zurück. Kaum ein anderes Hotel in Deutschland ist in Büchern, Chroniken und Artikeln so oft beschrieben worden wie das Vier Jahreszeiten. Um seine prominenten Gäste – von Aristoteles Onassis, Sophia Loren über Alfred Hitchcock und Königin Margarethe von Dänemark bis hin zu Britney Spears, Bill Clinton und den Klitschko-Brüdern – ranken sich Anekdoten zuhauf, die zum Glück nicht immer unter dem Mantel der Verschwiegenheit bleiben, sondern mitunter offizieller Teil der Hotelgeschichte werden. Wie die von Schauspieler Theo Lingen, der über 500 Mal Gast war und es in seinem extremen Hang zur Sparsamkeit vorzog, sich kostengünstig von der Hotelkantine bewirten zu lassen.

»Abendessen in den Vierjahreszeiten, von Nährig, dem freundlichen Oberkellner, laut mit ›Herr Professor!‹ begrüßt.«
WALTER KEMPOWSKI

Wer jahrelang im Vier Jahreszeiten gearbeitet hat, weiß etwas zu erzählen. Einer hat diesen Erfahrungsschatz sogar in einem Buch ausgebreitet. Rudolf Nährig kam 1976 mit knapp dreißig Jahren ins Hotel, avancierte 1989 zum Maître und stand bis zu seinem Ausscheiden 2011 mit vielen Gästen auf bestem Fuß. Dass er zugleich als »singender Oberkellner« bekannt wurde, der regelmäßig mit Wiener Liederabenden im Hotel auftrat und dabei mit Evergreens wie *Die Reblaus* oder *Tauben vergiften* die Vorgabe von Direktor Ingo C. Peters – »Sie können alles machen, solange Sie uns nicht blamieren« – mehr als erfüllte, macht ihn nur noch einzigartiger. Danach befragt, wie die durch seinen Abschied entstandene Lücke zu schließen sei, antwortete er trocken: »Der Ohlsdorfer Friedhof ist voll von Unersetzlichen, dazu möchte ich nicht gehören. Das Hotel steht über 100 Jahre, nur wegen mir werden sie es schon nicht zusperren.« Immerhin publizierte er 2013 seine liebevoll-pointierten Erinnerungen *Gern hab ich Sie bedient* – eine Fundgrube für G'schichterln aus dem Hotelalltag.

Der literarisch bewanderte Nährig umsorgte Schriftsteller, die sich zu Unterredungen trafen. Mit Hellmuth Karasek tauschte er unermüdlich Nestroy-Anekdoten aus, und mit Fritz J. Raddatz' dezidierten Wünschen wusste er umzugehen. In Raddatz' *Tagebücher. 1982–2001* wurde Nährig prompt zur literarischen Figur, als der Kritiker mit der Verlegerin Inge Feltrinelli im Vier Jahreszeiten an einem von »meinem alten Oberkellner Nährig« eingedeckten Tisch soupierte und über die Erbärmlichkeit von »Papperlapapp-Reden« und »alberne Kultursenatoren« lästerte. Auch bei Walter Kempowski, der sich mit Gattin Hildegard gern eine der stattlichen Seezungen des Hauses teilte, hat Nährig

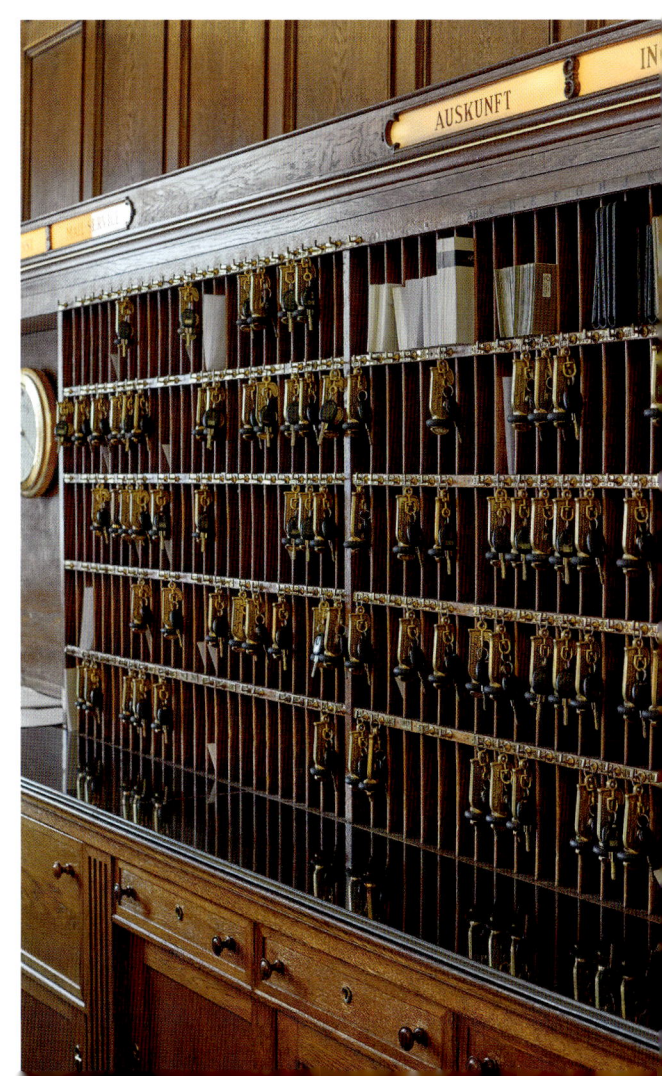

Eindruck hinterlassen, wenngleich die Würdigung im Tagebuch *Alkor* ein wenig dürftig ausfiel: »Abendessen in den Vierjahreszeiten, von Nährig, dem freundlichen Oberkellner, laut mit ›Herr Professor!‹ begrüßt«.

Lesereisen von Autoren, die einen gewissen Status vorweisen, bringen es mit sich, dass auch die Literatur im Vier Jahreszeiten anzutreffen ist. John Irving pflegt hier abzusteigen und hat seiner Unterkunft im Roman *In einer Person* (2012) Reverenz erwiesen. Hamburg sei, sagt Romanfigur Donna, die »eleganteste Stadt Deutschlands« und das Hotel Vier Jahreszeiten wiederum so »elegant, dass es für Donna die Hauptattraktion in Hamburg darstellte«. Dass es dennoch – in der Fiktion – beim Besuch eines Transvestiten-Kabaretts auf der Reeperbahn zu einem »schrecklichen Abend« in Hamburg kommt, ist dem Hotel nicht anzulasten.

Helmut Käutner und Carl Zuckmayer zogen sich 1956 tagelang auf Zimmer 289 zurück, um über das Drehbuch für den Film *Der Hauptmann von Köpenick* zu reden, während Heinz Rühmann zwei Stockwerke höher seine Rolle lautstark probte. Lew Kopelew, Joachim Fest, Ephraim Kishon, Ian Fleming, Thomas Mann, Golo Mann, Sebastian Haffner, Marcel Reich-Ranicki, Frank Schätzing, Stephen King – sie alle nächtigten im Vier Jahreszeiten. Und natürlich das Allroundgenie Sir Peter Ustinov, der sich am Neuen Jungfernstieg besonders wohlfühlte und sich mit Freuden einer Spezialität des Hauses, dem vor seinen Augen liebevoll zubereiteten Beefsteak Tatar, hingab. 2003, ein Jahr vor seinem Tod, präsentierte er vor geladenen Buchhändlern in einem der Salons sein Buch *Achtung, Vorurteile!* und erheiterte sein Publikum, als er mitten im Gespräch mit seinen Co-Autoren Harald Wieser und Jürgen Ritte einen Handyanruf seiner Frau annahm und unbeeindruckt das Gespräch nun mit ihr fortführte. 2008 wurde Sir Peter in der komplett neu gestalteten fünften Etage eine der vier Celebrity-Suiten gewidmet; die anderen drei tragen die Namen von Maria Callas, Thomas Mann und Prinz Heinrich von Preußen.

Die Umbenennung von Suiten ist nur das äußere Anzeichen von Modernisierungs- und Umbauprozessen, die ein Grandhotel wie das Vier Jahreszeiten regelmäßig und rechtzeitig angehen muss. Und selbstverständlich hängt das wirtschaftliche Wohlergehen von den politischen und gesellschaftlichen Rahmenbedingungen ab. Friedrich Haerlin übergab die Geschäfte 1932 an seinen Sohn Fritz, unter dessen Ägide das Hotel in Turbulenzen geriet. Bereits 1933 trat Fritz Haerlin in die Reiter-SS ein und wurde ein paar Jahre später NSDAP-Mitglied – ein Kapitel, das lange schöngeredet wurde. Nach dem Krieg wird Haerlin als Mitläufer eingestuft; erst im April 1952 kommt es zur feierlichen Wiedereröffnung des Hotels. Nachdem die Erben Haerlins das Hotel 1989 verkauft hatten, wechselte es mehrmals seinen Besitzer – begleitet von den Ängsten der Hamburger, dass sie ihren »Klassiker« verlieren könnten. 2013 übernahm der rheinländische Handelskettenbetreiber Kurt Dohle das Vier Jahreszeiten, das er als junger Mann 1952 kennengelernt hatte, als er sich nach einer Schulung in Hamburg ehrfürchtig einen Drink an der Bar gönnte. Mit dem neuen Besitzer wurden seit 2013 aufwändige Modernisierungen vorgenommen – die Chancen auf »Klassikererhaltung« stehen offenbar gut.

Wie zeitgemäß das Innenleben des Vier Jahreszeiten mittlerweile auch sein mag – an dem, was seine Gäste seit Jahrzehnten mit ihm verbinden, änderte sich wenig. Der Service ist von ausnehmender Freundlichkeit und für alle Not- und Sonderfälle gewappnet. Als Udo Jürgens bei einem seiner Konzerte in letzter Minute feststellte, dass sein fürs Finale unabdingbarer weißer Bademantel fehlte, dauerte es nicht lange, bis das Hotelpersonal ihm passenden Ersatz zustellte. An der Rezeption

Wie viele Kirchtürme hat Hamburgs Innenstadt? Vom Vier Jahreszeiten aus lassen sich viele zählen.

zu stehen und auf Fächer mit herkömmlichen (und dennoch inzwischen allen Sicherheitsanforderungen entsprechenden) Schlüsseln zu blicken, in den Fahrstuhl zu steigen und zu erfahren, dass hier lange für den rauchenden Helmut Schmidt ein Hocker bereitstand – das allein strahlt ein Flair aus, in dem zwischen allem Luxus der wärmende Hauch von Nostalgie durchschimmert.

Auch im Restaurant Haerlin weiß man schon des Namens wegen, was man der Vergangenheit schuldet. Zwischen den sechs Gängen eines Menüs – mit Wildhase aus der Elbmarsch mit orange-gelbem Herbstgemüse und Boudin noir zum Beispiel –, für das mit Weinbegleitung gut 250 Euro auf der Rechnung stehen, schweift der Blick auf vier Putten hinter Glas. Neugierig geworden, erfährt man, dass es sich um Figuren aus der Nymphenburger Porzellan-Manufaktur handelt, um Allegorien der vier Jahreszeiten. Fritz Haerlin hatte sie 1934 erworben und nach Ende des Zweiten Weltkriegs, als das englische Militär das Hotel zu seinem Hauptquartier machte, heimlich in Sicherheit gebracht. 1952, als die Briten abzogen, kehrten die Porzellanputten an ihren angestammten Platz im Restaurant zurück, zuerst auf eine Mittelkonsole und dann in individuell gestaltete Vitrinen. Eine der vielen Geschichten, die zu Hamburgs guter Stube gehören.

Bundespräsident Horst Köhler, einer der vielen Staatsmänner, die im Vier Jahreszeiten abstiegen, zählt Gaisburger Marsch übrigens zu seinen Leibgerichten …

Fairmont Hotel Vier Jahreszeiten Hamburg,
Neuer Jungfernstieg 9–14, 20354 Hamburg
www.fairmont-hvj.de

Wie international die Gäste sein mögen: Das ist die sehr gute Stube der Hamburger.

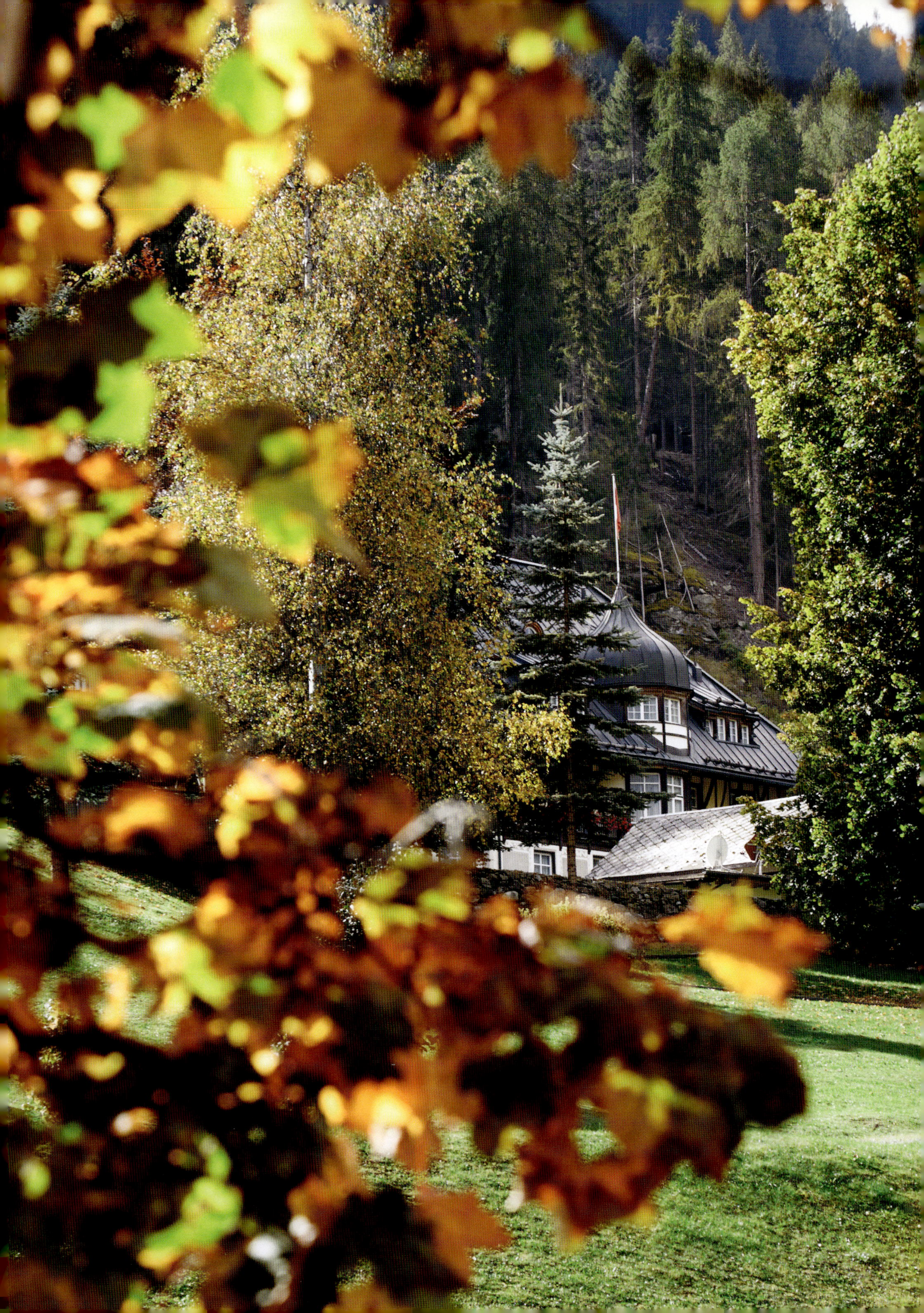

HOTEL VILLA POST, VULPERA

IM FEUER VERSUNKEN

Die Gebäudeversicherung Graubünden resümierte das Ereignis in ihrem Jahresbericht noch lapidarer: »Totalschaden Hotel Waldhaus (Brandstiftung), Schadenssumme: 23 Mio. Fr.«.

Manchmal greift die Literatur realen Ereignissen auf beklemmende Weise voraus; manchmal gewinnen die Imaginationen der Dichter im Nachhinein eine merkwürdige, unheimliche Beweiskraft. 1957 kam der Schweizer Schriftsteller Friedrich Dürrenmatt, dessen Theaterstück *Der Besuch der alten Dame* ein Jahr zuvor seine Uraufführung erlebt hatte, erstmals nach Vulpera ins Unterengadin. Der Filmproduzent Lazar Wechsler wollte sich mit ihm über ein Drehbuch unterhalten und lud ihn zu einem Treffen nach Vulpera ein, ins berühmte Grandhotel Waldhaus. Mehrfach kehrte Dürrenmatt dorthin in der Folge zurück, auch in Begleitung seines Kollegen Max Frisch; im Spätsommer 1959 weilte er – ohne nachhaltigen Erfolg – im Waldhaus ganze vier Wochen zur Kur.

Die 1875/76 am Ufer des Inn erbaute Trinkhalle müsste dringend restauriert werden.

Morgenessen wie früher:
in der Arvenstube des
Restaurants Palatin.

Schon bei diesen ersten Aufenthalten kam Dürrenmatt der Gedanke, einen Roman im gediegenen Ambiente eines Hotels anzusiedeln, das Politikern, Industriellen, Ärzten und Künstlern die Zeit der Sommerfrische versüßte. Doch erst Mitte der 1980er-Jahre begann er konkret den Stoff zu bearbeiten. Anfang 1989 schloss er das Manuskript, das nun den Titel *Durcheinandertal* trug, ab und machte sich an die Korrekturen. Der schmale Roman, den die Kritik – darunter das »Literarische Quartett« – seinerzeit nicht freundlich aufnahm, ist eine komplexe, anspielungsreiche Farce, in der Gut und Böse nicht mehr auseinanderzuhalten sind. Zentraler Ort des Geschehens ist ein nobles Hotel, das winters von einem Gangster in Beschlag genommen wird. Die von diesem tyrannisierte Dorfbevölkerung holt schließlich – an Weihnachten – zum beeindruckenden Gegenschlag aus und setzt das Kurhotel in Brand: »Die Feuerwehrmänner spritzten und spritzten, ihre Wasserlanzen trieben Gestalten vor sich her, sie überschlugen sich, wurden durch die Kraft des Wasserstrahls wie Pakete ins Feuer zurückgeworfen, der Wald, der Himmel nahmen die Farbe der Hölle an, jemand vermochte sich zu befreien, lief mit lichterloh brennenden Kleidern den Bauern entgegen, einer von ihnen schlug mit der Axt zu, der Mann stürzte zu Boden, immer noch in Flammen, drei Männer schoben ihre Heugabeln unter den brennenden, schreienden Mann, trugen ihn gegen das Kurhausportal, warfen ihn hinein, das Kurhaus begann in sich zusammenzubrechen, die Bauern und Weiber stoben auseinander, Lustenwyler, der Polizist, raste in einem Jeep herbei, aber offenbar stockbetrunken, war er über das Steuer gesunken und fuhr durch das Portal, das über ihm zusammenstürzte, und die Dependance, von der Feuerglut erfasst, die sie durch den unterirdischen Verbindungsgang ansog, loderte auf, eine einzige Flamme.«

Ein furioses, ein apokalyptisches Finale, das Dürrenmatt seinem etwas konfusen Roman angedeihen lässt – und eines, das am 27. Mai 1989, also drei Monate, bevor der Roman erschien, nicht mehr Fiktion blieb. Denn an diesem Samstag endete, wie die »Neue Zürcher Zeitung« lapidar meldete, die Geschichte des Hotels: »Ein Großbrand hat am Samstag im Unterengadiner Badekurort Vulpera das traditionsreiche Kurhotel Waldhaus zerstört. Personen kamen nicht zu Schaden. Trotz sofortigem Eingreifen der um etwa 5 Uhr alarmierten Feuerwehr von Tarasp, Schuls und Sent konnte nach einer Mitteilung der Staatsanwaltschaft und Kantonspolizei Graubünden nicht verhindert werden, dass das teilweise unter Denkmalschutz stehende Hotel vollständig ausbrannte.« Die Gebäudeversicherung Graubünden resümierte das Ereignis in ihrem Jahresbericht noch lapidarer: »Totalschaden Hotel Waldhaus (Brandstiftung), Schadenssumme: 23 Mio. Fr.«.

Der von den Ereignissen offenkundig schockierte Dürrenmatt fuhr – »wie ein Täter, der einem inneren Zwang folgend an den Ort der Tat zurückkehrt« (Ulrich Weber) – zusammen mit seiner zweiten Frau Charlotte Kerr kurz darauf nach Vulpera, um sich das Desaster anzusehen: »Wir betraten die Ruine durch einen Nebeneingang. In der eingestürzten Halle ein nacktes Eisengebälk, rot, ausgeglüht, welches die Decke getragen hatte, der Platz, wo Wechsler gethront hatte, überall Schutt, die breite Treppe, zum Teil unversehrt, führte ins Leere hinauf, ein Gewirr verbogener Leitungsrohre, Radiatoren, durch einen eingebrochenen Fußboden ahnte man im Keller ein Durcheinander von Eisenstangen und zerborstenen Kesseln. Das ›Waldhaus‹ hatte seinen Dienst getan.«

Die Auslöschung des Grandhotels, das einen legendären Ruf besaß, traf den Fremdenverkehr der Region schwer. Ein Wiederaufbau kam finanziell nicht in Frage, und so bedarf es einer gehörigen Portion Fantasie, um sich, wenn man heute nach Vulpera kommt, die Dimension und die Ausstrahlung des Waldhauses vorzustellen. 1897 war das nach Entwürfen des Architekten Nikolaus Hartmann sen. erbaute Hotel mit seinen über 200 Zimmern eingeweiht worden. Fotos und Lithografien zeigen ein ungemein wuchtiges, ja fast pompöses, von einer Kuppel gekröntes Hauptgebäude, das sich über sechzig Meter erstreckte und teilweise eine Höhe von dreißig Metern erreichte. Gebaut im Stil der Neo-Renaissance mit Jugendstilmalereien an den Decken, bewahrte es über Jahrzehnte seinen Ruf als imposantes Zeugnis der Belle Époque.

»Das ›Waldhaus‹
hatte seinen Dienst getan.«
FRIEDRICH DÜRRENMATT

Schon vor dem Bau des Waldhauses florierte Vulpera / Tarasp dank seiner Heilquellen als Kurort. In Prospekten warb das Hotel für den 1270 Meter hoch gelegenen Ort mit »Weltruf« als »alpines Bad für Magen, Darm, Stoffwechsel, Nerven und Herz«. Im Angebot für den solventen Gast standen Tennis- und Golfanlagen, ein Strandbad und »große Autogaragen mit Boxen«. Kein Wunder also, dass sich das Waldhaus großen Zuspruchs erfreute. Zu den prominenten Gästen zählten Politiker wie Philipp Scheidemann und Theodor Heuss, Ärzte wie Ferdinand Sauerbruch, Historiker wie Carl Jacob Burckhardt und Kollegen Dürrenmatts wie John Knittel und Kasimir Edschmid, der 1966 im von ihm oft besuchten Vulpera verstarb.

Die Hochzeit des Hotels endete zwar in den 1950er-Jahren, als die deutschen Touristen sich vermehrt nach Italien und Spanien aufmachten, doch es blieb allein seiner einzigartigen Lage wegen eine Attraktion. Literarischen Niederschlag fand es beispielsweise in Elizabeth

Ein Park, wo sich einst das Waldhaus ausbreitete, ein Pavillon mit sehenswerten Deckengemälden.

Robins' Erzählung *The Mills of the God* (1908), wo Menschen auf den eleganten Veranden des Hotels dinieren und für einen Monsieur le Comte ein Tisch reserviert wird, oder in Pauline Lenz' Roman *Die Kurärztin* (1959), der – so der Untertitel – ganz nach dem Leben, dem Leben der Autorin, die selbst als Ärztin in Vulpera wirkte, geschrieben sei. Dass sich das Waldhaus als Mythos erhalten hat, zeigt sich auch daran, dass ihm, in Vorbereitung eines Buchprojekts, eine eigene Website (www.waldhaus-vulpera.org) mit zahlreichen Informationen zu seiner Historie gewidmet ist.

Zum Ensemble gehörten seinerzeit auch die nach der niederländischen Königin benannte Villa Wilhelmina und die 1901 erbaute Poststelle, das heutige 3-Sterne-Hotel Villa Post. Vom Glanz eines Grandhotels besitzt es wenig, doch sein engagierter Direktor Daniel Lladó versteht sich darauf, die Verbindungen zur Vergangenheit aufrechtzuerhalten. Am Eingang des mit seinem Erker und schmalen Balkonen fast verspielt wirkenden Hotels begrüßt Kurt Arentz' Skulptur eines Steinbocks, des Wappentiers von Graubünden. Wo heute ein Saal Platz für bis zu 200 Geburtstags- und Hochzeitsgäste bietet, wendeten einst die Kutschen der Waldhaus-Besucher. Eröffnet wurde die Villa Post 1993; bis 2008 gehörte sie Rolf Zollinger, dem letzten Direktor des Hotels Waldhaus, der heute unmittelbar neben der Villa Post die Villa Erica bewohnt. Er gilt als Chronist der Waldhaus-Geschichte und hat viele Überbleibsel aufbewahrt, darunter ein Blitzableiter, der den Großbrand überstand. Auch in der Villa Post zeugt manches von der glorreichen Vergangenheit. Antiquitäten und Bilder erinnern daran, Kaffeesilber aus dem Waldhaus oder ein Herd und ein Banksafe, die sich heute im Keller der Villa Post befinden. Ein gemütliches Lese- und Kaminzimmer mit Leuchtern, Vasen, Kannen und Blumengestecken lädt dazu ein, Bücher aus den Schränken zu nehmen.

Drei Viertel der Hotelgäste kommen im Sommer; das zum Hotel gehörige Restaurant Palatin bietet seit 2015 nur noch ein Frühstücksbuffet. Die bekanntermaßen zahlreichen Engadiner Sommertage lassen sich im Hotelgarten auf der anderen Straßenseite genießen – und vor allem im sich daran anschließenden, 12.000 Quadratmeter großen Park, der sich über das einstige Waldhaus-Areal bis zur heute im Privatbesitz befindlichen Villa Wilhelmina ausdehnt. Wo sich jetzt ein kleiner Teich erstreckt, befand sich der Hotelkeller. An den ehemaligen Haupteingang erinnert eine zweischalige Brunnenanlage, dahinter zwei Säulen, die aus den Brandruinen geborgen wurden und markieren, wo man ins Vestibül des Hotels gelangte, und ein paar Schritte weiter ein Pavillon, auf dessen Deckengemälde Fische kreisen und ein Hirsch auf seinem Geweih Kerzen spazieren trägt. Merkwürdig mutet es an, durch diesen an Frühherbsttagen menschenleeren Park mit seinem herrlichen Bergpanorama zu gehen, auf Büsten und Grabsteine zu blicken, die verdienstvolle Kurärzte würdigen, und von all den Relikten an eine Zeit erinnert zu werden, als hier Limousinen vorfuhren und gekrönte Häupter sich ein Stelldichein gaben. Wie im Juni 1937, als Her Highness Maharani Shrimant Akhand Soubhagyavati Sanyogita Bai Sahib Holkar zur Kur ins Waldhaus kam. Mit Gefolge belegte die extravagante, kosmopolitische junge Frau zwölf Zimmer. An ihrem fatalen Gesundheitszustand konnten die Behandlungsmethoden in Vulpera jedoch nichts mehr ändern. Mitte Juli starb die Maharani von Indore 23-jährig im nahegelegenen Spital von Samedan.

Vielleicht ja muss man nur lange genug im Park der Villa Post sitzen, in die Engadiner Sonne schauen und die Augen schließen, um das

Wäre das nicht die Gelegenheit, endlich Dürrenmatts späten Roman *Durcheinandertal* zu lesen?

illustre Hoteltreiben vor sich zu sehen. Ja, es mag nicht übertrieben sein, wenn die so charmant bescheidene Villa Post damit wirbt, dass man in manchen hellen Sommernächten das Klirren wertvoller Kristallkaraffen und das Raunen vieler Stimmen aus dem Kurpark zu hören glaube. Um sich auszumalen, wie es im Vestibül des Waldhauses womöglich zugegangen ist, hilft es, noch einmal einen Blick in Friedrich Dürrenmatts *Durcheinandertal* zu werfen – auch wenn sich, wie Charlotte Kerr anmerkte, die Erinnerungen an das Waldhaus in Vulpera bei der Niederschrift wohl mit denen an das von ihrem Mann häufig aufgesuchte Waldhaus in Sils-Maria vermischten: »Der Große Alte saß neben seinem Sekretär und betrachtete die Gesellschaft, die sich angesammelt hatte, nicht eigentlich reich, aber wohlhabend, alle gesundheitlich angeschlagen, tapfere herumhumpelnde Skisportgeschädigte, alte, im Tanz sich drehende oder müde in die Polstersessel versunkene Paare, während die drei Tschechen, die jede Saison kamen und denen das Kurhaus, das Dorf samt dem Durcheinandertal und dem Spitzen Bonder längst zum Halse heraushingen, gleichsam im Tiefschlaf weiterspielten und nach den letzten Tangos und sogar Boogie-Woogies ein Schubert-Potpourri anstimmten.«

Hotel Villa Post, 7552 Vulpera, Schweiz
www.villa-post.ch

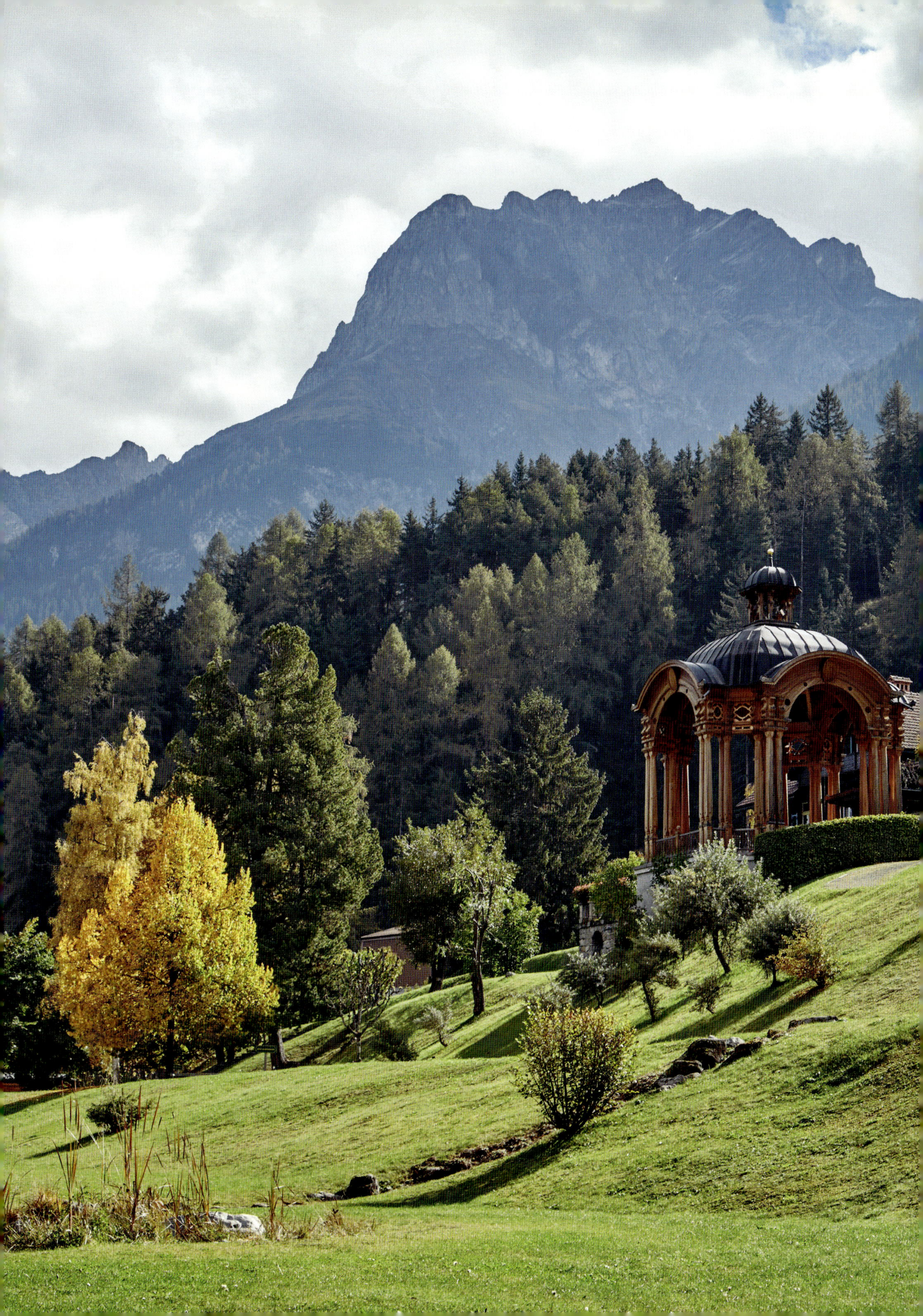

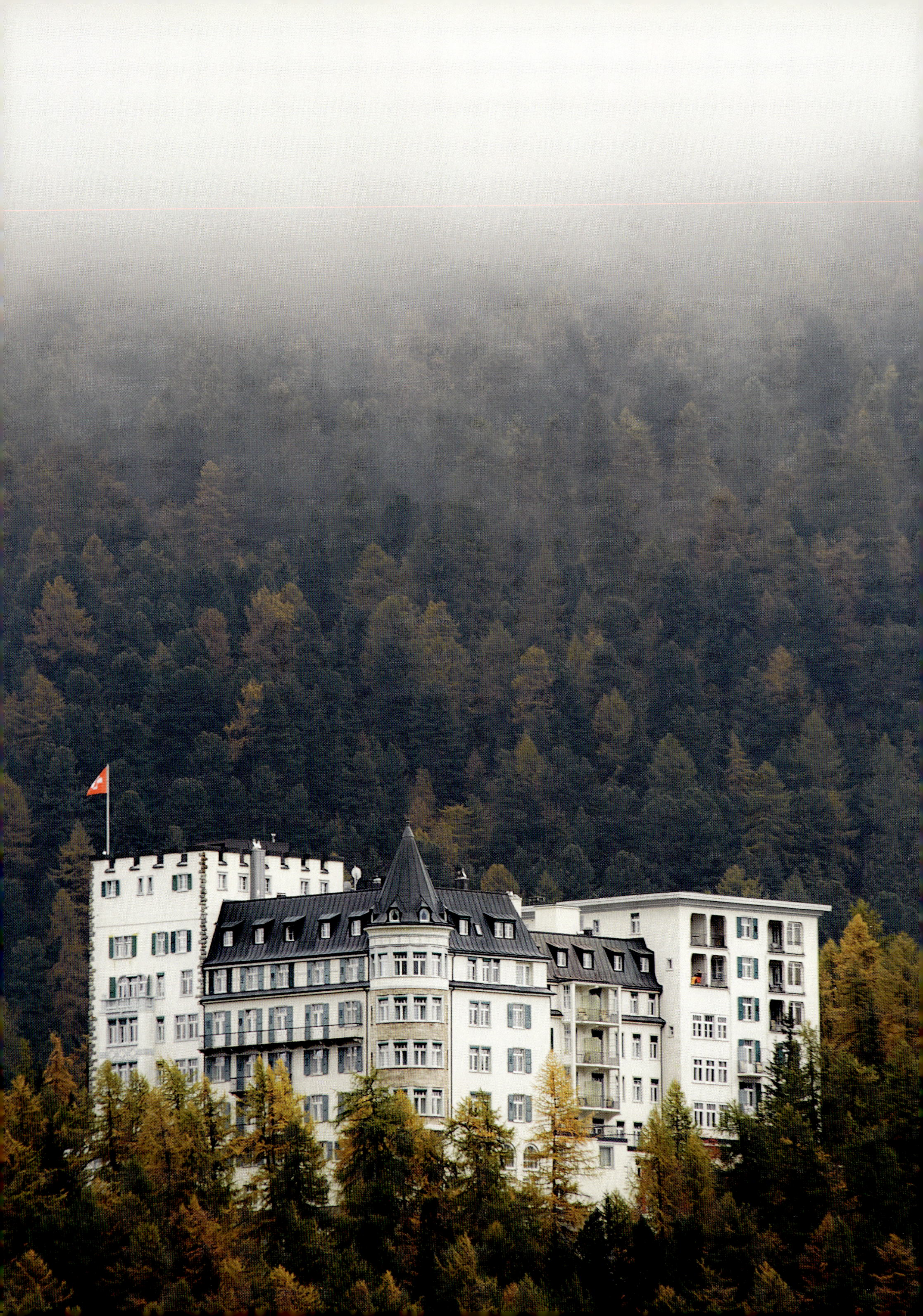

HOTEL WALDHAUS, SILS-MARIA

DER SCHÖNSTE AUFENTHALT DER WELT

Eine verwunschene Burg wie aus einem Ludwig-Bechstein-Märchen? Ein gestrandeter Luxusdampfer, ein Relikt aus Zeiten, als man das heute autofreie Fextal noch motorisiert erobern durfte? Ein Logenplatz, von dem aus sich der Blick in alle Himmelsrichtungen öffnet?

Lässig bleiben und ja nicht den Eindruck erwecken, man ließe sich vom Gesehenen sonderlich beeindrucken. Wer es gewohnt ist, in einem Grandhotel, das auf Understatement Wert legt, zu verkehren, kennt die üblichen Rituale und weiß Contenance zu bewahren, selbst wenn einem veritable Nobelpreisträger, Stargeiger oder Staatsmänner auf den Fluren oder an der Bar begegnen. Lionel Kupfer, Filmstar und Hauptfigur in Alain Claude Sulzers 2015 erschienenem Roman *Postskriptum*, sucht Ruhe nach anstrengenden Dreharbeiten, und er findet sie im Oberengadin, im Hotel Waldhaus in Sils-Maria. Aufhebens um seine Person soll nicht gemacht werden, doch übersehen werden, das möchte die Leinwandgröße selbst im Erholungsurlaub nicht: »Auf die Rücksichtnahme der allermeisten Gäste im Waldhaus konnte man sich verlassen. Sie taten nicht, als ob sie ihn nicht kennen würden, doch taten sie alles, um es sich nicht anmerken zu lassen. Ein flüchtiger Seitenblick, ein noch flüchtigeres Lächeln, das war angebracht, angenehm und beruhigend. Es war sehr leicht, hier unterzutauchen, wenn alle so taten, als sei man Gast wie jeder andere.«

»Wie groß ist die Welt!
Und wie still ist es hier!«
ELKE HEIDENREICH

Während der 1930er-Jahre bereitet sich Filmheld Kupfer im Waldhaus auf neue Rollen vor und ahnt nicht, dass die Nazis seine Karriere bald beenden werden. Knapp dreißig Jahre zuvor war der Hotelbetrieb aufgenommen worden, in einem nach den Plänen des jungen Architekten Karl Koller erbauten schlossähnlichen Ensemble, mit dem sich der erfahrene Hotelier Josef Giger einen Traum erfüllte. Auf über 1800 Metern oberhalb des Dörfchens Sils-Maria gelegen, strahlt das Hotel mit seiner klaren, angenehm schnörkellosen Fassade, das auch sonst auf jedes Zuckerbäckerelement verzichtet, eine Erhabenheit aus, die manchen Reisenden ehrfürchtig zögern lässt, ob er in diesen Mauern wahrhaftig logieren darf.

Eine verwunschene Burg wie aus einem Ludwig-Bechstein-Märchen? Ein gestrandeter Luxusdampfer, ein Relikt aus Zeiten, als man das heute autofreie Fextal noch motorisiert erobern durfte? Ein Logenplatz, von dem aus sich der Blick in alle Himmelsrichtungen öffnet, ein Schwebesitz über den Wolken, die sich an klaren Herbsttagen über den Silvaplanersee und Silsersee legen? Eine Zeitmaschine, die es erlaubt, problemlos zwischen den Jahrhunderten zu pendeln?

An Attributen und Metaphern, die dem Waldhaus im Lauf der Jahrzehnte zuteilwurden, mangelt es nicht. Seine Unnahbarkeit, die einen ängstlich werden lässt, wenn man sich dem Hotel mit der Pferdekutsche oder gar zu Fuß nähert, verliert sich sofort, wenn man die Hotelschwelle überschreitet und den familiären Charakter des Hauses mit jeder Faser erfasst. Ja, das Waldhaus ist allen ökonomischen Durststrecken und allen jährlichen Investitionserfordernissen zum Trotz ein Familienunternehmen geblieben. Auf den Gründer Josef Giger folgten sein Schwiegersohn und seine Tochter, Oskar und Helen Kienberger, die wiederum an Rolf und Rita Kienberger übergaben. Ab 1977 lag die Verantwortung 33 Jahre lang bei Maria und Felix Dietrich-Kienberger, zunächst noch mit den Eltern, ab 1989 dann mit Marias Bruder Urs Kienberger. Im Sommer 2010 übernahm mit den Brüdern Claudio und Patrick Dietrich die fünfte Generation das Ruder. Deren Onkel, Urs Kienberger, bis

2010 selbst in der Geschäftsführung und heute als selbsternannter CIO, als »Chief Intellectual Officer«, im Hintergrund tätig, erinnert sich sehr genau an die Konflikte, die in einem Familienbetrieb unweigerlich auftreten, doch dem Ganzen, dem einmaligen Waldhaus, habe stets das vorrangige Interesse gegolten, und so sei dem »Management als Kammermusik« der Familien der Erfolg treu geblieben.

Wer eines der 140 Zimmer gebucht hat, darf darauf vertrauen, im Entree von einem der Familienmitglieder persönlich begrüßt zu werden – ein ehernes Gesetz, dessen Gültigkeit nie angezweifelt wurde und das aus Gästen schnell Stammgäste macht. Vom ersten Moment an breitet sich eine Herzlichkeit aus, die vergessen lässt, dass man sich in einem Grandhotel befindet. Eine direkte Achse führt vom Haupteingang über die Hotelhalle zu einem Halbrund, dessen hohe Fenster übergangslos in die Waldlandschaft dahinter hinüberzuführen scheinen. So bleibt die Natur nah, wie wohlig man sich im Gehäuse dieses Hotels auch einrichten mag. Sterile Modernität ist dem Waldhaus fremd, auch wenn immer wieder Umbaumaßnahmen notwendig waren. 2005 wurde das Haus vom International Council on Monuments and Sites, Schweiz, folglich zum Historischen Hotel des Jahres gewählt und 2015 von derselben Organisation mit einem Sonderpreis bedacht.

Die Hotelhalle wirkt wie ein großzügiges Wohnzimmer, das Souveränität ausstrahlt und nichts plüschig Altbackenes an sich hat. Überall stehen Rückzugsmöglichkeiten zur Verfügung; wer sich abgrenzen will, kann das tun, ohne mit anschlussfreudigen

Manchmal lohnt es sich, im Treppenhaus zu bleiben …

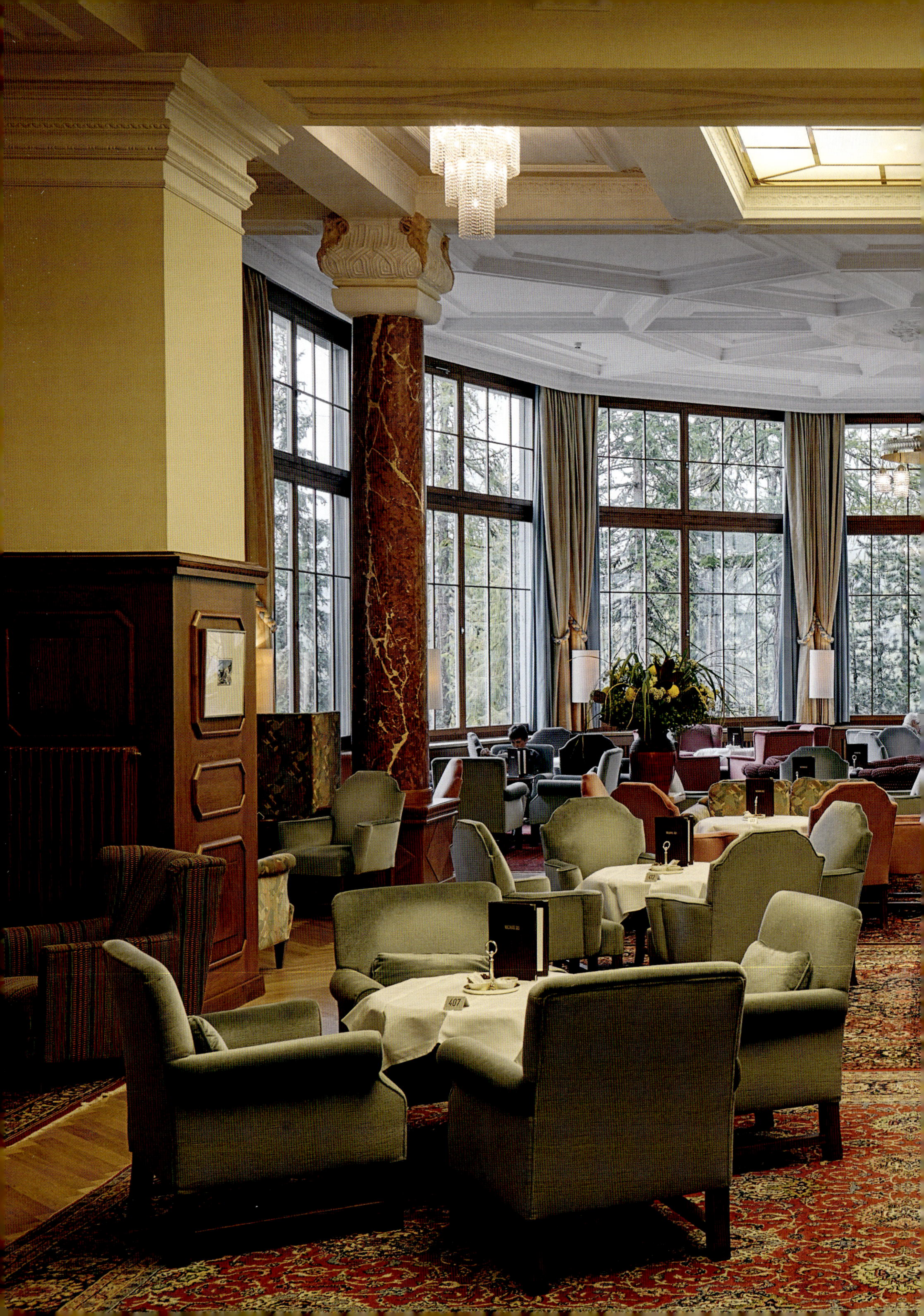

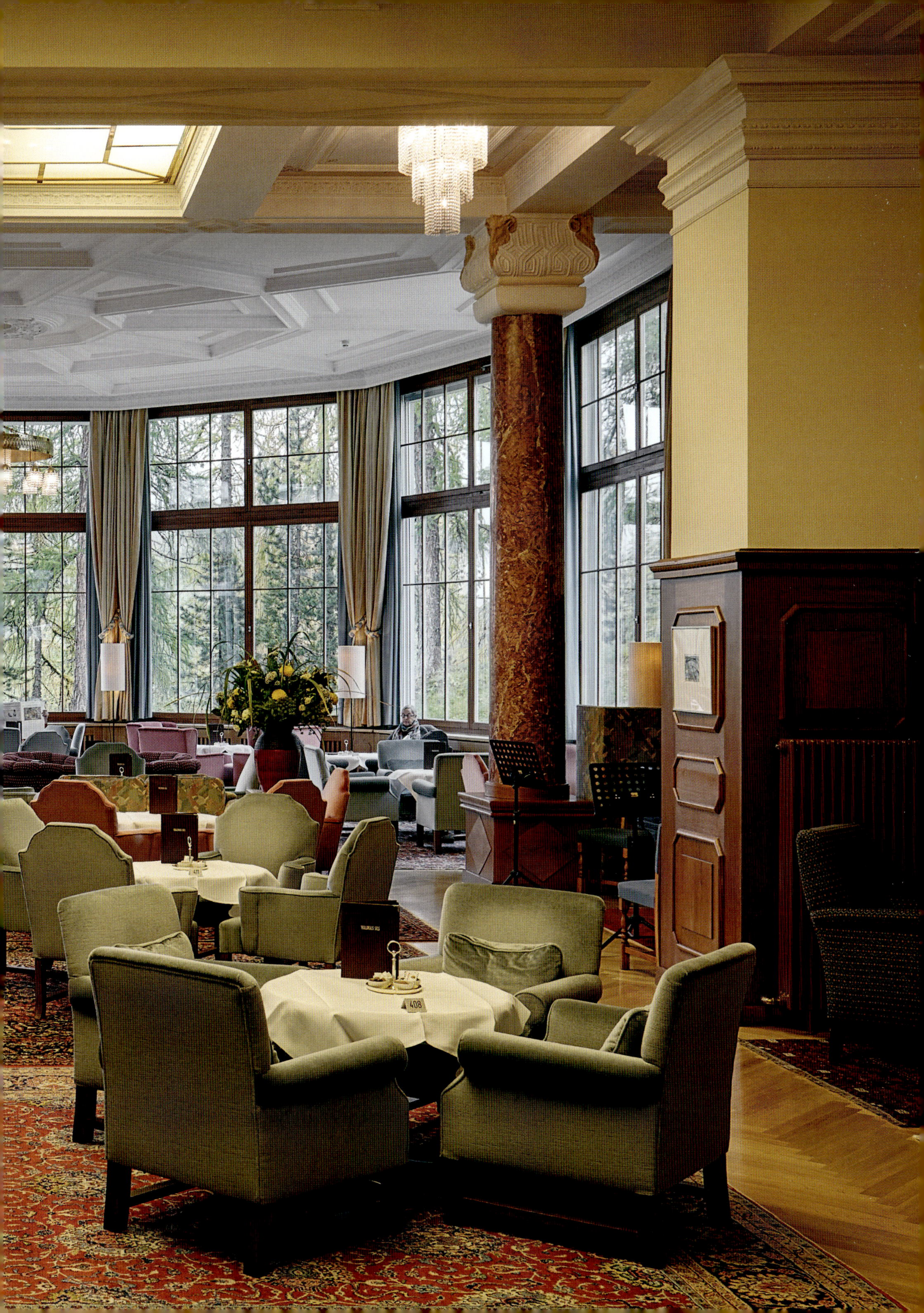
408

Gästen ins Gehege zu kommen. Zweieinhalb Sitzgelegenheiten pro Gast bietet das Waldhaus, erklärt mir Urs Kienberger, ein Luxus, der kühl kalkulierende Controller in die Verzweiflung triebe. Zu diesen aus betriebswirtschaftlicher Sicht kaum angemessen erscheinenden Annehmlichkeiten gehört auch der Lesesalon mit seinen Bücherschränken und vier Sekretären, die selbst illiterate Gäste dazu nötigen, irgendetwas zu Papier zu bringen, oder zumindest in einem der Sessel Platz zu nehmen und zu lesen, was die vielen Schriftsteller unter den Waldhaus-Gästen veröffentlicht haben. Hier ticken die Uhren leiser – oder in den Worten Elke Heidenreichs: »Einfach loslassen. Diese großen, ziemlich gleichgültigen Berge ansehen und über wichtig und unwichtig nachdenken. In der Bibliothek beim Licht grüner Lampen sitzen, die New York Times lesen und denken: Wie groß ist die Welt! Und wie still ist es hier!«

Ja, das Waldhaus ist ein Literaten-, ein Künstlerhotel par excellence. Anderswo mag man sich Kultur als Marketingargument gönnen und seinen Gästen ein anspruchsvolles »Beiprogramm« zwischen Diner und Barbesuch offerieren. Im Waldhaus gehört das Flair, das die hier logierenden Intellektuellen schaffen, zum Wesen des Hotels. Neben Regisseuren wie Fred Zinnemann (*Zwölf Uhr mittags*), Luchino Visconti oder Claude Chabrol, dessen *Das Leben ist ein Spiel* das Waldhaus zum Schauplatz hat, suchten Musiker wie Pierre Fournier, Arthur Honegger, Paul Sacher, Georg Solti, Richard Tauber, Otto Klemperer und Richard Strauss das Bergrefugium auf. Und natürlich war und ist das Waldhaus Heimstätte der Verlager und Dichter. François Mauriac, Alberto Moravia und Elsa Morante waren da. Friedrich Dürrenmatt feierte seinen 60. Geburtstag, ließ sich von der Atmosphäre (und von der des gleichnamigen Hotels in Vulpera) zu seiner Groteske *Durcheinandertal* inspirieren und mühte sich 1984 redlich, im Gästebuch Originalität zu beweisen. Sein verhalten einsetzender Eintrag – »Wohin ich komme, wie ein Fluch / Erwartet mich ein Gästebuch« – mündet in der Bitte um Nachsicht: »Erlasst mir bitte diese Qual, / Euch noch mein

»Auf die Rücksichtnahme
der allermeisten Gäste im Waldhaus
konnte man sich verlassen.«
ALAIN CLAUDE SULZER

Lob hier reinzuschreiben, / Es nützt sich ab, ich lass es bleiben. / Ein reines Glück gibt's nicht hienieden, / Auf Wiedersehen. Ich war zufrieden.«

Hermann Hesse zählte zwischen 1949 und 1961 zu den Stammgästen und traf 1950 – Nobelpreisträger unter sich – auf den Kollegen Thomas Mann. Dessen Tochter Erika erinnerte sich an die zurückhaltende Annäherung: »Im Speisesaal saßen Hesse und seine Frau nicht weit von uns, doch es war stillschweigend beschlossene Sache, dass man die Mahlzeiten gesondert einnahm. Erst nach Tisch, abends, kam man zusammen, und obwohl gewiss manches ernste Gespräch geführt wurde, sind diese Stunden mir als vorwiegend heiter in Erinnerung.« Von Erich Kästner ist überliefert, dass er im Waldhaus schrieb, und Alexander Kluge verbrachte etliche Urlaube hier. Die Galerie der Autorinnen und Autoren stammt nicht nur aus vergangenen Zeiten. Das Waldhaus ist zum Glück auch Anziehungspunkt für die nachfolgenden Generationen, zu denen etwa Sibylle Lewitscharoff, Daniel Kehlmann und Angelika Overath gehören. Letztere präsentierte mit ihrem Mann Manfred Koch das ungewöhnliche Kochbuch *Tafelrunde* (2012), zu dem sie Kollegen eingeladen hatte, ihre Lieblingsrezepte preiszugeben. Was diese gerne taten, und so machte sich Franz Hohler im Waldhaus daran, eine Brennnesselsuppe zuzubereiten, während Erica Pedretti einen Schwertfisch beeindruckt betrachtete, Brigitte Kronauer an der Nudelmaschine Hand anlegte und Eva Menasse eine Susi-Torte backte – wohlwollend unterstützt von den Spitzenköchen des Waldhauses.

Welche Suppe brodelt hier?

Nicht alle Schriftsteller äußerten ihre Begeisterung frei heraus. Thomas Bernhard, der meisterhafte Übertreibungskünstler, war zwar regelmäßiger Hotelgast, doch seine Zufriedenheit verpackte er erwartungsgemäß in düsteres Papier, nachzulesen in seinem kleinen Text *Hotel Waldhaus* (aus *Der Stimmenimitator*, 1978), der sich nicht für jede Werbebroschüre eignet: »Wir hatten kein Wetterglück und in jeder Beziehung auch widerwärtige Gäste an unserem Tisch gehabt. Selbst Nietzsche haben sie uns verleidet. Auch als sie mit ihrem Auto tödlich verunglückt und schon in der Kirche von Sils aufgebahrt waren, haben wir sie noch immer gehasst.«

Nietzsche? Ja, natürlich ist Sils-Maria ohne ihn nicht denkbar. Zwischen 1881 und 1888 verbrachte er sieben Sommer in einem einfachen Zimmer der Familie Durisch und genoss die Höhenluft, die ihn von seinen heftigen Kopfschmerzanfällen kurieren sollte, so sehr, dass er seiner Seligkeit freien Lauf ließ: »Nun bin ich wieder im Ober-Engadin, zum dritten Male, und wieder fühle ich, dass hier und nirgends anderswo meine rechte Heimat und Brutstätte ist.« Wie Nietzsches streng geregelter, von Diäten und Spaziergängen geprägter Tagesablauf damals aussah und woran er im Engadin schrieb, lässt sich im wunderbaren Nietzsche-Haus nebst seiner Bibliothek nachempfinden, das zudem ein reiches Veranstaltungsprogramm bietet. Auch das Waldhaus, das zu seinen Lebzeiten noch nicht existierte, greift das ungebrochene Interesse an Nietzsche auf und lädt zu großen Symposien ein. Nietzsche-Forscher und Nietzsche-Enthusiasten reisen seinetwegen an und erfreuen sich zugleich daran, en passant auf den Spuren Theodor W. Adornos wandeln zu dürfen, der über 400 Nächte im Waldhaus verbrachte und, wie Urs Kienberger mit aller gebotenen Zurückhaltung einräumt, kein unkomplizierter Gast gewesen sei.

Wie verbringt man als Waldhaus-Gast den Tag am besten? Sich wie Elke Heidenreich im Lesesalon einigeln, dem Haustrio an der Bar zuhören, im herrlich altmodischen Hallenbad (Ende 2016 soll ein moderner Spa-Bereich zur Verfügung stehen) seine Bahnen schwimmen

Hier gehen die Uhren anders.

und so anschließend ohne schlechtes Gewissen das Fünf-Gänge-Menü der Halbpension im Speisesaal genießen oder à la carte in der 2012 umgebauten Arvenstube dinieren? Mit einem Nietzsche-Bändchen in der Jacke zur Halbinsel Chasté im Silser See wandern, wo auf einer steinernen Tafel *Das trunkene Lied* (»O Mensch gib' Acht! Was spricht die tiefe Mitternacht«) an den Dichter und Philosophen gemahnt? Oder nur planlos durch die weiten Korridore streifen, über das historische System der Uhren staunen, das über die Anlage »Magneta« zentral gesteuert wird, oder das 1910 für 4000 Franken angeschaffte Welte-Mignon-Reproduktionsklavier (»in Mahagoniholz mit Empire-Bronce-Auflagen, in einfacher Ausführung, aber tadellos fein ciselierter Bronce«) mit seinen einhundert Originalrollen bewundern, dessen wiederhergestellte Funktionstüchtigkeit Spezialvorführungen unter Beweis stellen?

Und nicht zuletzt darf man im Waldhaus nicht nur den Sommer verbringen. Seit 1924, unterbrochen in den Jahren 1939 bis 1955, herrscht hier auch Winterbetrieb, sodass man nicht in den mondänen, eher ungeliebten Nachbarort St. Moritz reisen muss, um Schnee und Eis zu erleben. Was der Einzelne freilich unter Wintersport versteht, ist nicht auf einen Nenner zu bringen. Die Schriftstellerin Donna Leon, Erfinderin des Commissario Brunetti, verbindet damit ganz eigene Vorstellungen: »Für mich ist Wintersport auf dem Sofa zu liegen und zu lesen. Ich liebe es auch aus dem Fenster zu schauen und den anderen beim Skilaufen zuzusehen.« Allenfalls beim Frühstück pflegt sie, wenn sie ihre Runden um das üppig bestückte Büfett dreht, athletische Aktivitäten zu entfalten.

Welche Wertschätzung das Waldhaus in der Künstlerwelt genießt, zeigte sich 2008, als der Regisseur Christoph Marthaler dem Hotel, das er selbst Anfang der 1980er-Jahre erstmals besucht hatte, zum 100-jährigen Bestehen eine Bühnencollage schenkte, die vor Ort aufgeführt wurde. Mit seinem Bekenntnis, dass es keinen Ort gebe, »an dem ich mich so zu Hause fühle wie im Waldhaus«, reihte sich Marthaler in die Phalanx der vor Begeisterung überbordenden Lobredner ein – in eine Phalanx, zu der auch Thomas Mann zählt, der, als er 1950 in einem Brief vom »schönsten Aufenthalt der Welt« schrieb, zwar an das Oberengadin generell dachte, aber, großzügig betrachtet, wohl auch das Waldhaus gemeint haben könnte. Die Gründe, dieses zu rühmen, mögen unterschiedlich ausfallen. Als Virtuose der Waldhaus-Charakterisierung hat sich der Schriftsteller Martin Mosebach in die Annalen eingeschrieben: »Vom Drama und der Unordnung der Welt im Tal ist die Waldhaus-Region wie von unsichtbaren und dennoch unübersteigbaren Mauern bewahrt. Das Weltende könnte stattfinden, und man würde davon im Waldhaus erst eine Woche später erfahren, durch eine unaufgeregte Information des Portiers.«

Hotel Waldhaus, 7514 Sils-Maria, Schweiz
www.waldhaus-sils.ch

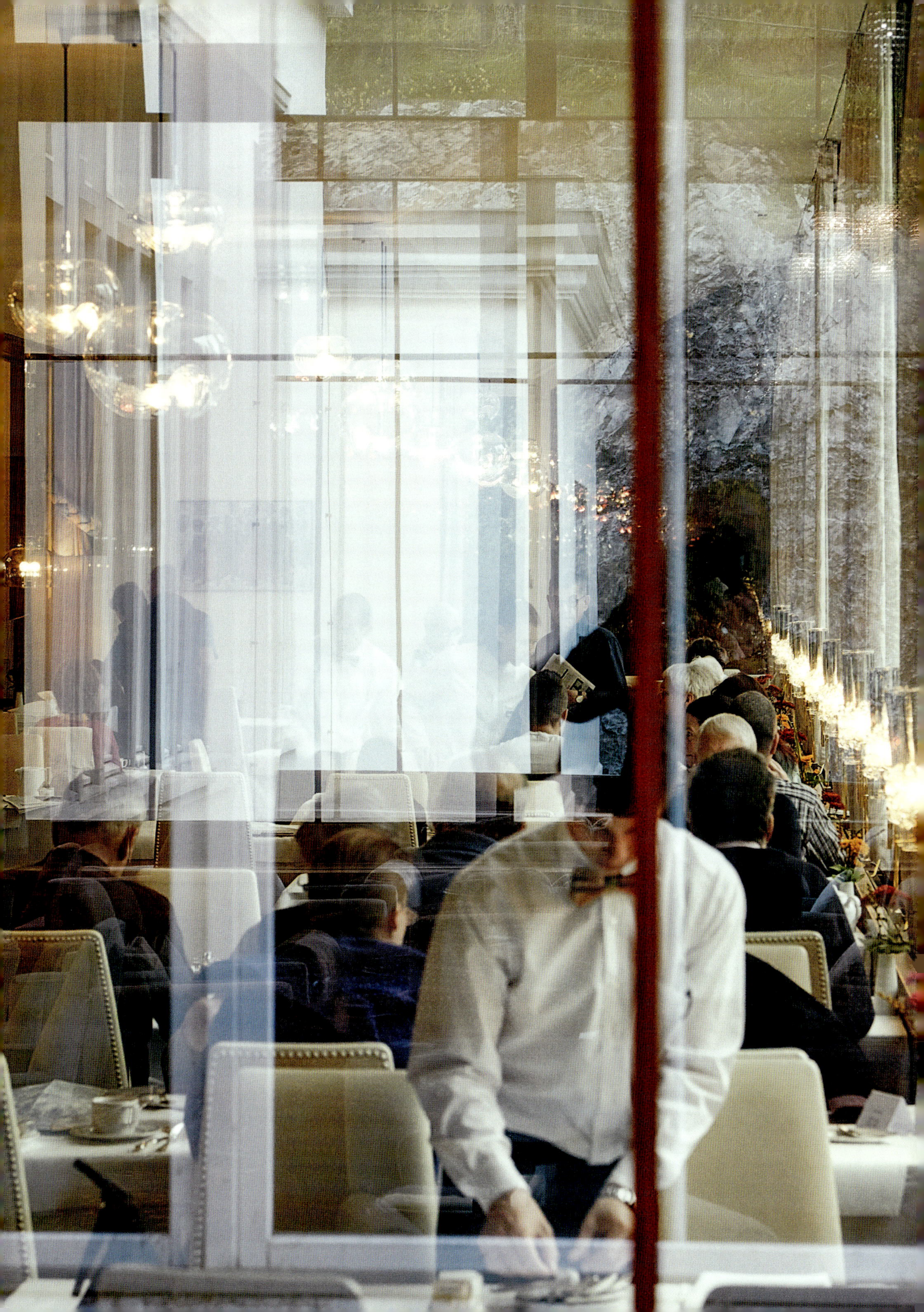

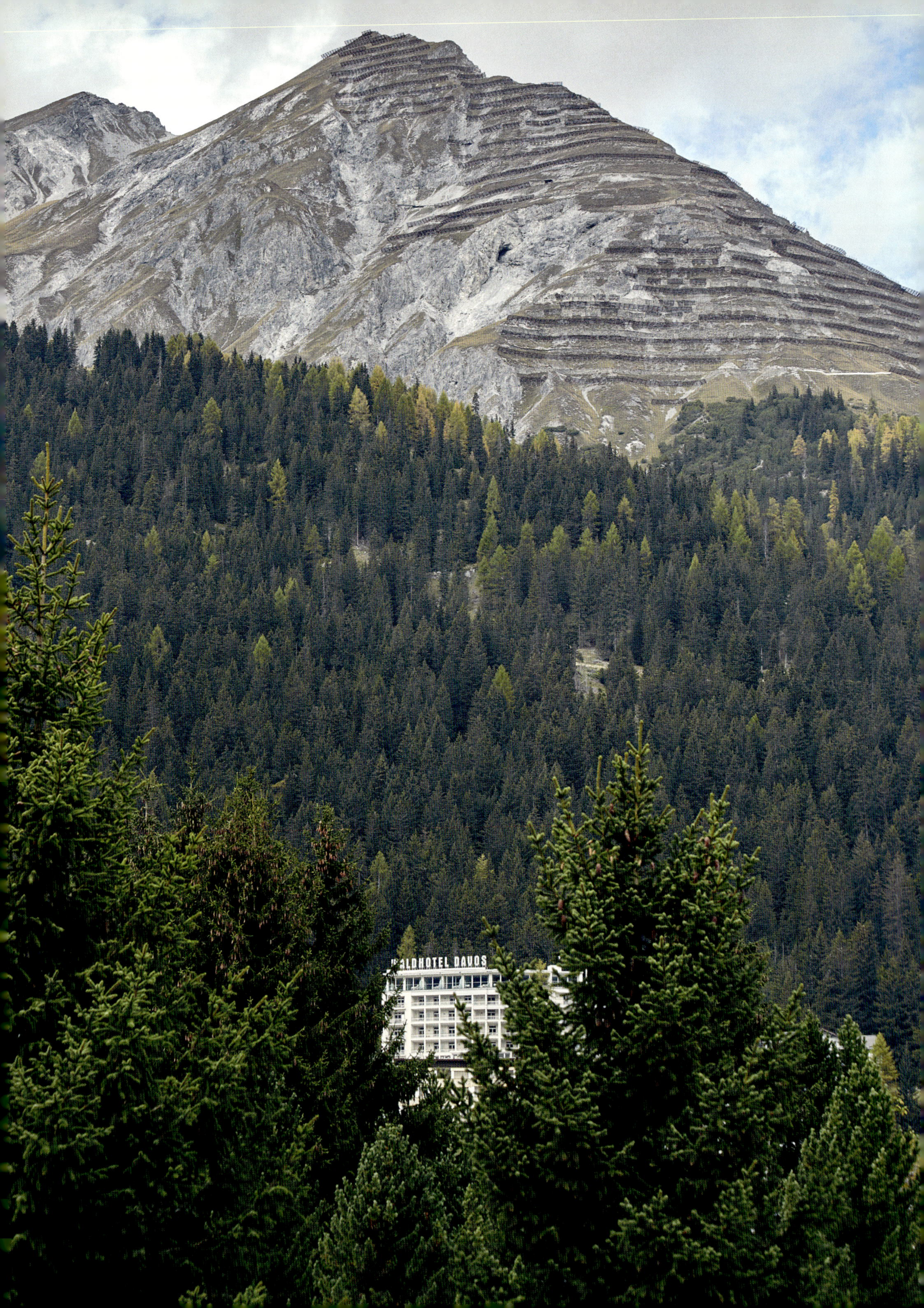
ALDHOTEL DAVOS

WALDHOTEL, DAVOS

DEM FLACHLAND ENTZOGEN

Erschreckt von dieser Aussicht, konsultierte Mann seinen Münchner Hausarzt – mit eindeutigem Ergebnis: »Sie haben in Davos nichts zu suchen.«

»Ein einfacher junger Mensch reiste im Hochsommer von Hamburg, seiner Vaterstadt, nach Davos-Platz im Graubündischen.« So beginnt einer der berühmtesten Romane der Weltliteratur, so beginnt Thomas Manns 1924 erschienener *Zauberberg*. Hans Castorp heißt dieser rundum durchschnittliche Reisende, der sich 1907 aufmacht, seinen lungenkranken Vetter Joachim Ziemßen zu besuchen. Drei Wochen soll der Aufenthalt währen, sieben Jahre, bis zum Ausbruch des Ersten Weltkriegs, wird Castorp im Davoser Lungensanatorium verharren und sich dem eigenwilligen Rhythmus einer kränkelnden Gesellschaft hingeben. Betreut von gleichermaßen markanten wie skurrilen Medizinern, macht der anfänglich leicht verwirrte Hansestädter die Bekanntschaft unvergessener Charaktere, darunter ein Kaffeekönig im Ruhestand namens Mynheer Peeperkorn, der Intellektuelle

Lodovico Settembrini sowie die in der Fischsaucenzubereitung unübertroffene Karoline Stöhr. Und natürlich die becircende Clawdia Chauchat, diese »Frau, ein junges Mädchen wohl eher, nur mittelgroß, in weißem Sweater und farbigem Rock, mit rötlich-blondem Haar, das sie einfach in Zöpfen um den Kopf gelegt trug«.

Über zehn Jahre hat Thomas Mann am *Zauberberg* gearbeitet, der ursprünglich als kleines Pendant zu seiner Novelle *Tod in Venedig* gedacht war, und wie so oft in seinem Werk ließ sich Mann von realen Örtlichkeiten und Figuren inspirieren. Die Idee, einen großen, vom Verfall der bürgerlichen Gesellschaft handelnden Roman in einer ungewöhnlichen, Tod und Lust verbindenden Klinikatmosphäre anzusiedeln, kam ihm, als er im Mai 1912 nach Davos reiste, um seiner Frau Katia Gesellschaft zu leisten. Diese – an einem Lungenspitzenkatarrh, einer verschleppten Tuberkulose, erkrankt – befand sich seit März im Davoser Waldsanatorium. 1904 war dieses – noch unter dem Namen Villa Oberhof firmierend – von dem Mediziner Professor Friedrich Jessen, Modell des Hofrats Behrens im *Zauberberg*, gekauft und fortan als Klinik betrieben worden. 1911 wurde die Villa abgerissen und zum Waldsanatorium umgebaut, das im selben Jahr in den Besitz der Familie von Gemmingen kam – Eigentumsverhältnisse, die bis heute gelten.

Katia Mann gehörte folglich zu den ersten Gästen der neuen Klinik und ließ es sich nicht nehmen, ihren Mann in Gesprächen und Briefen mit Informationen über die absonderliche Berggesellschaft und so mit reichlichen literarischen Motiven auszustatten. Je länger man sich in diesem Kosmos aufhalte, desto mehr entferne man sich vom Vertrauten – bis man, wie es im Vorwort zum *Zauberberg* heißt, »endgültig untauglich für das Leben im Flachland« werde. Trotz dieser prickelnd moribunden Atmosphäre zog es Thomas Mann nicht in Erwägung, seinen Aufenthalt auszudehnen und selbst zum Patienten zu werden. Als er sich eine Infektion zuzog, wollten die geschäftstüchtigen Mediziner des Sanatoriums den illustren und zahlungskräftigen Schriftsteller umgehend zum Dauergast machen. Erschreckt von dieser Aussicht, konsultierte Mann seinen Münchner Hausarzt – mit eindeutigem Ergebnis: »Sie haben in Davos nichts zu suchen.«

Während seines dreiwöchigen Besuchs bei Gattin Katia war es Thomas Mann nicht gestattet, in der Klinik selbst zu logieren. Er bezog, wenige Schritte entfernt, Quartier im Haus am Stein, einem literarisch bereits zuvor ausgewiesenen Ort. Wie eine Inschrift noch heute kundtut, beherbergte die Villa Ende des 19. Jahrhunderts bereits zwei renommierte Kollegen: Robert Louis Stevenson, den Autor der *Schatzinsel*, und den Sherlock-Holmes-Erfinder Arthur Conan Doyle. Letzterer, ein leidenschaftlicher Wintersportler, tat sich vehement als Skifahrer hervor – was sich von Thomas Mann beileibe nicht sagen ließ. Ein bei einem späteren Davos-Aufenthalt gemachtes Foto zeigt ihn zusammen mit dem skierprobten und entsprechend ausgerüsteten Hermann Hesse in einer Aufmachung, die jedem Alpinmodenkatalog zur Ehre gereicht hätte: Mit breitem Schal und locker gebundener Kniebundhose posiert er perfekt als »Großschriftsteller im Winterurlaub«. Dass der mondäne Luftkurort Davos vor allem zu Beginn des 20. Jahrhunderts auch für andere Literaten aller Provenienz Treffpunkt war, hat Unda Hörner in ihrem facettenreichen Buch *Hoch oben in der guten Luft. Die literarische Bohème in Davos* beschrieben. Neben Thomas Mann und Hesse gehörten unter anderen Klabund und der französische Surrealist Paul Éluard zu den Feriengästen.

Nein, hier dürfen Sie nicht übernachten – nur ein altes Sanatoriumszimmer bestaunen.

Als der *Zauberberg* 1924 erschien, reagierte das offizielle Davos pikiert. Wie Thomas Mann bereits in den *Buddenbrooks* keine Rücksicht auf Empfindlichkeiten in seiner Geburtsstadt Lübeck genommen hatte, so kümmerte er sich wenig darum, ob die dem Niedergang entgegentaumelnde Krankengesellschaft des Berghofs (wie das Sanatorium im Roman heißt) dem Davoser Fremdenverkehrsverein als Touristenabschreckung erscheinen könnte. Katia Mann erinnerte sich an die Reaktionen im Dorf: »*Der Zauberberg* hat die Davoser sehr geärgert. Das Buch hat in Davos Anstoß erregt, weil es den Anschein erweckte, als ob die jungen Leute aus reichen Familien, eingefangen von der Atmosphäre des Sanatoriums und den Annehmlichkeiten dieser Existenz, festgehalten würden, wo sie schon nicht mehr so krank waren, und nur wegen des Geschäftlichen und der Ungebundenheit viel länger blieben, als sie eigentlich mussten.«

Die Aufregung, die der *Zauberberg* verursachte, hielt lange an. Ein aparter Reflex findet sich in der Biografie des amerikanischen Schriftstellers Charles R. Jackson (1903–1968), berühmt geworden durch seinen 1944 erschienenen und kurz darauf von Billy Wilder verfilmten Roman *Das verlorene Wochenende*. Mitte der Zwanzigerjahre entdeckte Jackson das Werk Thomas Manns für sich, und als er kurz darauf an Tuberkulose erkrankte und von seinen Ärzten den Ratschlag erhielt, Genesung in Europa zu suchen, erinnerte er sich freudig erregt an seine *Zauberberg*-Lektüre, und es gab keinen Zweifel für ihn, welche Klinik er aufzusuchen hatte.

Jackson machte sich auf den Weg nach Davos, beseelt vom Gedanken, bald die gleiche reinigende Luft wie Hans Castorp einatmen zu dürfen. Als er mit diesem Wunsch bei seinem Arzt Hans Staub vorsprach, zeigte sich dieser über die »verrückten Amerikaner« verblüfft: »Wie? Sie haben den *Zauberberg* gelesen und kommen dann nach Davos? Wissen Sie nicht, dass dieses schreckliche, so krankhafte und morbide Buch jedes Jahr Hunderte, ja Tausende von Menschen davon abhält, nach Davos zu kommen?« 1944 übrigens werden sich Charles

»*Der Zauberberg* hat die Davoser sehr geärgert.«
KATIA MANN

Jackson und Thomas Mann in Kalifornien persönlich kennenlernen und eine mehrjährige Korrespondenz unterhalten.

Was hat sich vom Zauberberg-Flair erhalten? Was ist aus dem berühmten Waldsanatorium geworden? Dessen Geschichte spiegelt die medizinische Entwicklung im 20. Jahrhundert wider. In dem Maße, wie sich neue Behandlungsmethoden für Lungenkranke durchsetzten, verlor der Aufenthalt in Höhenluftkurorten an Bedeutung. Insbesondere nach dem Zweiten Weltkrieg suchten immer weniger Patienten zu diesem Zweck Davos auf; das Sanatorium stellte 1957 seinen Betrieb ein und wurde zum Waldhotel Bellevue umgebaut.

Davos suchte sich ein neues Image als nobler Wintersport- und Kongressort. Die Erinnerungen an röchelnde, hustende, nach Spucknäpfen suchende Langzeitpatienten eines Lungensanatoriums wollten sich nicht recht in dieses Bild fügen, und so legten die Hotelbetreiber lange Zeit keinen gesteigerten Wert darauf, die Sanatoriumsvergangenheit – und die Welt des Mann'schen *Zauberbergs* – wachzuhalten. Dem Zeitgeist gemäß verzichtete man auch darauf, historische Bauelemente zu erhalten; man modernisierte im ästhetisch oft trostlosen Stil der 1960er- und 1970er-Jahre, vergessend, was für eine touristische Attraktion historisch tradierte Architektur sein kann.

Nach und nach änderte sich diese Einschätzung. Anfang des 21. Jahrhunderts wurden, geleitet von den Architekten Pia Schmid und Hans-Jörg Ruch, gewaltige Umbaumaßnahmen vorgenommen, die neben notwendigen Modernisierungen auch darauf abzielten, verschüttete historische Strukturen wieder sichtbar zu machen. Seit Ende 2005 firmiert das Hotel als »Waldhotel Davos«, geleitet von den jungen, sich »Gastgeber« nennenden Direktoren Bardhyl Coli und Maria Redlich, und versteht es, zeitgemäße Ansprüche an ein Spitzenhotel mit der Tradition zu verbinden.

Wer heute mit den Leseeindrücken des *Zauberbergs* im Kopf das sich an den Hang vor dem Schiahorn schmiegende Waldhotel betritt, mag auf den ersten Blick eine leise Enttäuschung verspüren. Las sich das im Roman nicht so, als befände man sich in einem mondänen, weiträumigen Grandhotel? Bedürfte es nicht viel mehr eines verblichenen Jugendstilcharmes, um sich Hans Castorp im Disput mit Settembrini und Naphta oder im Gefolge der ihn betörenden Madame Chauchat vorzustellen? Ja, Thomas Mann hat sich, um seinen »Berghof« auszustaffieren, nicht eng an das gehalten, was er bei seinem Besuch 1912 im Waldsanatorium sah. Ahnend, wie empfindsam die Davoser Honoratioren auf seinen Roman reagieren würden, modifizierte er die Topografie sanft und erweckte bei seinen Wegbeschreibungen im Roman den Eindruck, als sei die (seit einiger Zeit geschlossene) Höhenklinik Valbella das Modell des »Berghofs«. Folglich lassen sich die wahren Mann-Enthusiasten nicht davon abhalten, auch diesen Ort genau in Augenschein zu nehmen.

Andere schwören darauf, dass die wahre Atmosphäre des *Zauberbergs* nur im 300 Meter oberhalb von Davos gelegenen Berghotel Schatzalp zu finden sei. Um 1900 als Sanatorium errichtet, hat es auf bestechende Weise seine Jugendstilnote bewahrt – wenn auch vor allem deshalb, weil es den Betreibern, als die Sanatoriumsherrlichkeit in Davos zu Ende ging, schlichtweg an den nötigen finanziellen Mitteln fehlte, um das Historische rasch einer als modern empfundenen Architektur zu opfern.

Da die Belle Époque in der Schatzalp bis heute opulent zu regieren scheint, will man nur zu gerne glauben, dass Thomas Mann diesen Ort vor Augen hatte, als er Hans Castorp vom irdischen Flachlanddasein abrücken ließ. Das Schatzalp-Hotel hat folglich nichts dagegen, wenn es als *Zauberberg*-Hotel gefeiert wird – zumal der Name gleich zu Anfang des Romans fällt, als Joachim Ziemßen zu erschreckenden Erläuterungen ansetzt: »Am allerhöchsten liegt das Sanatorium Schatzalp dort drüben, man kann es nicht sehen. Die müssen im Winter ihre Leichen per Bobschlitten herunterbefördern, weil dann die Wege nicht befahrbar sind.« Eine Verbindung zwischen Schatzalp und Waldhotel gibt es auf jeden Fall: den Thomas-Mann-Weg, der – mit

Zitaten aus dem Mann'schen Werk bestückt – den Gast von hier nach dort führt.

Dennoch: Beim Wettstreit um das *Zauberberg*-Vorbild hat das Waldhotel eindeutig die Nase vorn. Mit großer Konsequenz schöpft man dieses Kapital mittlerweile aus und spielt angenehm dezent auf der Thomas-Mann-Klaviatur. So wurden Anstrengungen unternommen, die architektonischen Sünden der Vergangenheit auszubügeln. Man zog Fotografien aus der Zauberberg-Ära zu Rate, um Lampen, Stühle und den Kamin nachzubauen, und im Speisesaal legte man die lange schamvoll verkleidete Kassettendecke wieder frei. Auch die Balkone erhielten neue Geländer und Verkleidungen, die der früheren Gestaltung nachempfunden sind. Richtung Süden öffnet sich ein spektakulärer Blick auf Flüela, Kühlalphorn oder Älplihorn, der über alle Davoser Bausünden hinwegsehen lässt. Und natürlich dürfen auf den Balkonen nicht die Davoser Liegen aus dem Jahr 1911 fehlen, wo man sich mit Kamelhaardecken gegen alle Widrigkeiten rüsten und nachfühlen kann, was die *Zauberberg*-Figuren der horizontalen Lebensweise abgewannen: »Wenn ich mir's überlege und soll die Wahrheit sagen, so hat der Liegestuhl mich in zehn Monaten mehr gefördert und mich auf mehr Gedanken gebracht als die Mühle im Flachlande all die Jahre her.« Zu den Zeiten, als sich Katia Mann auszukurieren hoffte, spielten die Balkone übrigens nicht allein wegen ihres Ausblicks eine wichtige Rolle. Die »ungeheure Laxheit, die bestand, dass man über die

Qual der Wahl: Dinieren im »Mann und Co.« oder im zauberbergträchtigen Speisesaal?

Balkone von einem Zimmer ins andere kommt«, förderte offenkundig eine gewisse erotische Freizügigkeit – ein Zustand, der, so Katia Mann, in »sittlicher Hinsicht« nicht als »einwandfrei« einzustufen war.

Thomas Mann und seine Romanwelt sind so an vielen Ecken und Enden spürbar, ohne dass ein aufdringlicher Devotionalienkult betrieben würde. Das vielfach ausgezeichnete Restaurant des Hotels heißt »Mann und Co.«; Seminarräume sind nach Romanfiguren benannt, wie auch die Bar an Doktor Krokowski erinnert, den obskuren, schwarz gekleideten, in seelischen Dingen bewanderten Assistenten des Hofrat Behrens im *Zauberberg*. Behrens' Vorbild Dr. Jessen wird mitunter gegenwärtig, wenn es sich Direktor Bardhyl Coli nicht nehmen lässt, in diese Rolle zu schlüpfen, und die Hotelgäste in die Klinikvergangenheit entführt.

46 Zimmer und Suiten, zum Teil mit Privatsauna ausgestattet, umfasst das seit 2015 in der Sommersaison geschlossene Waldhotel heute. Keines von ihnen lässt erahnen, wie es vor rund einhundert Jahren hier ausgesehen hat. Deshalb wurde ein Krankenzimmer nachgebaut, das die verflossene Welt von Linoleumböden, Rosshaarmatratzen, Spucknäpfen, Wärmflaschen und Ultraviolettlampen veranschaulicht. Hier eine Nacht zu verbringen ist nicht vorgesehen, und warum sollte man es auch tun, wenn man nach dem Abendessen im Halbrund des Speisesaals die Davos-Gemälde Walter Kochs betrachtet, sich auf sein Zimmer zurückzieht, einen Moment auf dem Balkon verweilt und schließlich Schlaf findet – bis, wie es über Hans Castorps erste Nacht im »Berghof« heißt, »der Morgen durch seine halboffene Balkontür graute und ihn weckte«?

Waldhotel Davos, Buolstrasse 3, 7270 Davos Platz, Schweiz
www.waldhotel-davos.ch

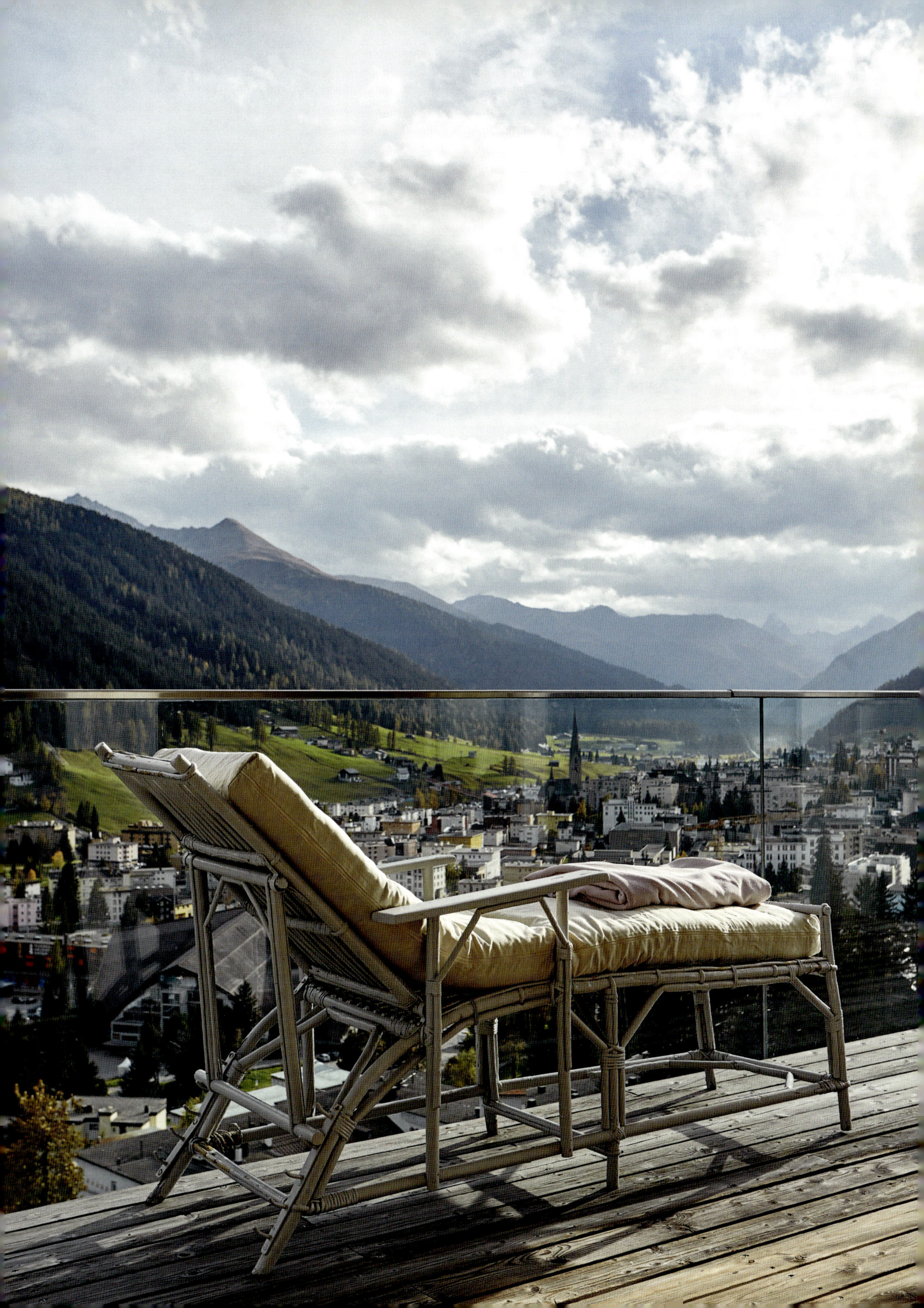

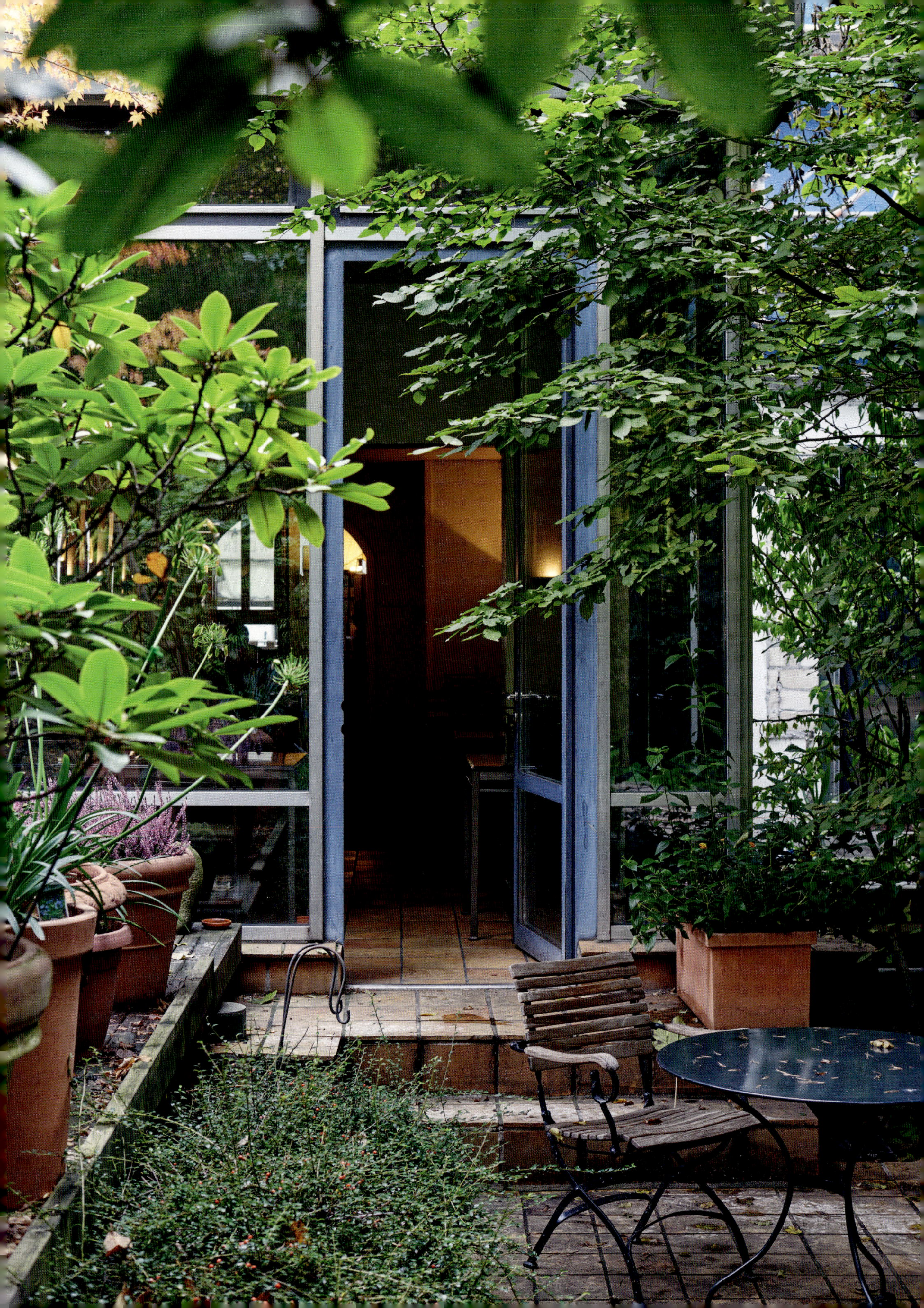

HOTEL WEDINA, HAMBURG

ZUM MITNEHMEN FALTBAR

Seit 1999 kooperiert das Wedina mit dem Hamburger Literaturhaus. Fast alle Autorinnen und Autoren, die dort auftreten – von Jonathan Franzen über Kenzaburō Ōe bis Clemens Meyer, Margriet de Moor und Bundespräsident Joachim Gauck, als er noch nicht Bundespräsident war –, wohnen im Wedina.

„Wohnst du auch im Wedina?" Unter Schriftstellern und Journalisten, die kein Luxusetablissement benötigen, um ihr Ego aufzupolieren, gilt das Hotel Wedina als erste Adresse. Weil es mitten im Stadtteil St. Georg liegt, der sein Image als Drogen- und Prostituierten-Zentrum abgestreift hat und als multikulturelles Viertel mit zahlreichen Cafés, Restaurantklassikern wie dem Cox, der feinen Buchhandlung Wohlers zum Anziehungspunkt geworden ist – steigende Mieten inklusive. Weil Außenalster, Hauptbahnhof, Kunsthalle, Deichtorhallen, Ohnsorg-Theater, Schauspielhaus und Thalia Theater binnen weniger Minuten zu Fuß zu erreichen sind. Und weil es wohl kaum einen Ort gibt, der das Attribut »Literaturhotel« mehr verdienen würde und der deshalb auch mit dem Deutschen Kulturförderpreis und dem KulturMerkur ausgezeichnet wurde.

1991 begann die Literaturgeschichte des Wedina. Damals übernahm der Schweizer Hotelier Felix Schlatter, den familiäre Gründe in

»Wir haben über Literatur geredet,
und ich habe trotzdem gut
geschlafen.«
ROBERT MENASSE

den Norden verschlagen hatten, das Hotel in der Gurlittstraße von dessen Vorbesitzer und Namensgeber Paul-Günther Weden. Innerhalb weniger Jahre erweiterte er das Hotel um mehrere Häuser in der Straße und gab ihnen je einen eigenen Farbanstrich, der es für die Gäste leichter machte, sich in diesem ungewöhnlichen Ensemble zurechtzufinden. Rot, Blau, Grün und Gelb waren lange Zeit die Stammfarben, bis 2014 Pink hinzukam, als Schlatter das winzige Galerie-Hotel Petersen in der nahegelegenen Langen Reihe übernahm. Schlatter, ein Mann von berstender Vitalität und Lebenslust, pendelt seit vielen Jahren zwischen dem Engadin, wo er – »Für die Kulturwelt war und ist das ein Glücksfall« (»Neue Zürcher Zeitung«) – seit 1994 das Genossenschaftshotel Laudinella in St. Moritz führt, und Hamburg. An Ideen, Kultur und Gastfreundschaft miteinander zu verknüpfen, mangelt es ihm offenkundig nie.

Jede der Wedina-Farben steht für einen besonderen Stil. Im roten Stammhaus zum Beispiel serviert man das besonders beliebte Frühstück sommers auch im verwunschenen, wie ein Wunder zwischen den Häuserfronten sich auftuenden Garten. Im grünen Haus waltet avantgardistische Architektur aus Sichtbeton, Glas, Holz und grünem Granit, während das blaue Haus reisenden Schriftstellern gewidmet ist. Vierzehn Autorenzimmer erinnern an Raoul Schrott, Fernando Pessoa, Ingeborg Bachmann oder Wilhelm Genazino und sind mit den Werken ihrer Namensgeber ausgestattet. Eines davon, das Hubert-Fichte-Zimmer, ist so klein, dass jede Körperdrehung wohl überlegt sein will; seiner Beliebtheit tut das keinerlei Abbruch. Wer sich für Gelb entscheidet, bleibt im Terrain der Hamburger Literatur mit all ihren Genres; ihr sind die Zimmer gewidmet. Die vier pinken Zimmer im Fachwerkhaus schließlich erzählen ihre ganz eigenen Geschichten und firmieren als Studio »chambre famille« mit grüner Dachterrasse oder als Spiegelzimmer »french fifties« mit Blick auf das lebhafte Treiben von St. Georg.

Seit 1999 kooperiert das Wedina mit dem Hamburger Literaturhaus. Fast alle Autorinnen und Autoren, die dort auftreten – von Jonathan Franzen über Kenzaburō Ōe bis Clemens Meyer, Margriet de Moor und Bundespräsident Joachim Gauck, als er noch nicht Bundespräsident war –, wohnen im Wedina, machen sich abends zu ihrer Lesung auf den fünfzehnminütigen Alster-Fußweg und kehren, auch wenn sie sich privat in Hamburg aufhalten, gern in das liebevoll betriebene Künstlerhotel zurück. Erwartet werden sie beim Einchecken nicht nur von strahlendem Personal, sondern auch von ihrem aktuellen Buch, das an der Rezeption als Willkommenssignal postiert wird – was könnte das Herz eines Schriftstellers mehr erfreuen?

Durch den Zukauf eines Hauses, das an das rote Haus grenzt, hat sich für das Wedina nach 2014 viel verändert. Umbauarbeiten wurden vorgenommen, und die renovierten Zimmer des Haupthauses erhielten einen speziellen literarischen Akzent: Vera Kaiser, die die kulturellen Geschicke sowohl im Wedina als auch in der Laudinella verantwortet, hat die ersten Sätze von Romanen zum Themenschwerpunkt der Zimmer gemacht und deren Übersetzungen aus aller Herren Länder als Nachtlektüre bereitgestellt. Gleichzeitig wurde das Herzstück des Wedina, seine über 1000 Bände umfassende Bibliothek, in das hinzugekaufte Haus verlagert. Und was ist das für eine ungewöhnliche, einmalige Sammlung! Die im Hotel logierenden Schriftsteller kommen der Bitte, ihr aktuelles Werk für die Hausbibliothek zu signieren, gerne nach, und so kann man Stunden damit zubringen, sich in diese sympathisch-persönlichen Widmungen

Ratespiel für Fortgeschrittene II: Rotes, blaues, grünes, gelbes oder pinkes Haus?

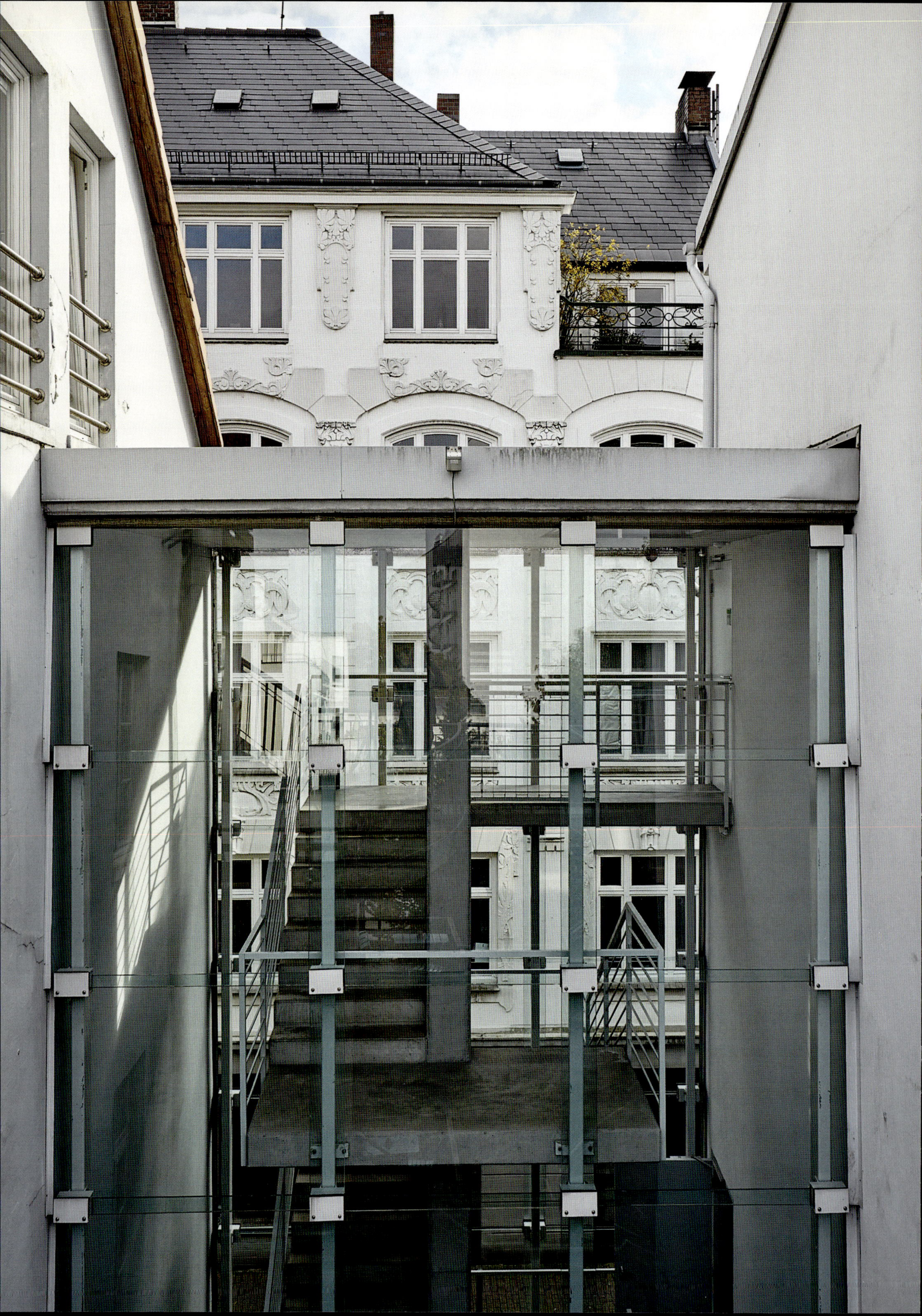

zu vertiefen. Mag es andernorts als lästige Pflicht erscheinen, sich im unvermeidbaren Gästebuch zu verewigen, so scheint die intime, literarisch so aufgeladene Atmosphäre des Wedina dazu zu animieren, liebevolle Originalität an den Tag zu legen.

Kostproben gefällig? Alles »vom Feinsten« notierte Clemens Meyer; Christoph Ransmayr pries die »Oase Wedina«; Stammgast Marcel Beyer kam zum dritten Mal »wieder bei Hamburger Wetter, wieder im schönen Wedina«, Judith Hermann freute sich über »eine stille Übernachtung auf dem Weg nach Hause«; Robert Menasse beschied: »Wir haben über Literatur geredet, und ich habe trotzdem gut geschlafen«; Grégoire Delacourt widmete seinen Roman *Alle meine Wünsche* »A toute l'équipe de l'hôtel Wedina, charmante, efficace, discrète, cette histoire qui, j'espère, vous donnera envie de réaliser toutes vos … Wünsche«; Viktor Pelewin war sich in seinem Urteil ganz sicher: »Thanks. You're the best hotel in town – I mean it!«; Martin Walser fand vielleicht das schönste Bild, um sein Zutrauen in das Hotel Wedina und dessen Personal zu belegen: »In jedem Hotel leuchtet Dir heute ein Apfel entgegen. Ich wasche oder schäle diesen Apfel in jedem Hotel. Im Wedina ess ich ihn einfach«, und Georg Klein fasste seine Liebe zum Hotel in einen Wunsch zusammen: »ach, das Wedina müsste zum Mitnehmen ›faltbar‹ sein …«.

Diese imposante Bibliothek – ein Unikat fraglos, für das das Deutsche Literaturarchiv in Marbach sein Kaufinteresse vorsorglich anmelden sollte – steht allen lektürewilligen Gästen zur Verfügung, und so braucht niemand eine schlaflose Nacht ohne den passenden Roman zu verbringen, wenngleich die Begeisterung für das Angebot es nach sich zieht, dass das Arsenal der signierten Stücke alljährlich einem Schwund von etwa einem Viertel unterliegt. Dass es im Wedina Bücher en gros gibt, hat sich übrigens in der Hamburger Hotellerie herumgesprochen, sodass eines der ersten Häuser am Platze schon einmal darum bat, ein paar Regalmeter Bücher für einen Fernsehdreh mit intellektuellem Hintergrund zur Verfügung gestellt zu bekommen. Ein Ersuchen, dem Geschäftsführerin Silvia Reiter und ihr Team umstandslos nachkamen.

»Hamburgs schönstes Chamäleon,
elegant versteckt
zwischen Bahnhof und Alster.«
FELICITAS HOPPE

»Zeit zu sein«, so lautet der Slogan des Fünffarbenhauses Wedina. Ihn mit Leben zu erfüllen gelingt, indem sich überall eine Atmosphäre der Gelassenheit ausbreitet und man sich nicht nur zur Frühstückszeit in der kleinen Lobby oder im Garten bei Tee und Kaffee niederlassen und sich frei von jeder Hektik fühlen kann. Autoren, die ins Hotel kommen, wissen, dass sie gelegentlich nicht nur gebeten werden, ihr Buch zu signieren. In ihren Zimmern erwartete sie einige Zeit lang ein Laptop, versehen mit der augenzwinkernden Anregung, vor der Abreise einen kleinen Hoteltext zu hinterlassen. Dann drehte man das Rad der Moderne sogar ein Stück zurück und ersetzte den mobilen Rechner durch eine herrlich altmodische Schreibmaschine der Marke »Princess 300«, in die bereits ein Blatt Papier eingespannt ist. Welcher ernsthafte Schriftsteller ist in der Lage, sich dieser eindringlich-dezenten Aufforderung zu entziehen?

Kaum einer – was die beiden von Studierenden der Bildkunst Akademie Hamburg illustrierten Broschüren *Mein Wedina. Liebeserklärungen an ein Hotel* aufs Schönste bezeugen. Ob zu nachtschlafender Zeit, ob im Morgengrauen geschrieben – die Reflexionen, Gedichte oder Miniaturerzählungen sind exquisite Trouvaillen und erwecken nirgends den Eindruck, als hätten die Schreibenden nicht aus freiesten Stücken gehandelt. »Am Wedina«, notiert Julia Franck, Autorin des mit dem Deutschen Buchpreis ausgezeichneten Romans *Die Mittagsfrau*, »liebe ich die Stille, den weiten Blick nach hinten, die Treppen und den Beton in seinen verschiedenen Schattierungen«, wohingegen ihre Kollegin Felicitas Hoppe das farbenfrohe Hotel zu »Hamburgs schönstem Chamäleon, elegant versteckt zwischen Bahnhof und Alster« macht und ein Rätsel aufgibt, das zum Häuser- und Bettenwechsel einlädt: »Was ist das? Geht blau zu Bett, schläft gelb ein unterm Mond, träumt ins Grüne und wacht zum Frühstück im Morgenrot auf.« Verleger und Lyriker Michael Krüger wiederum ließ es sich nicht nehmen, dem Hotel ein handfestes Gedicht übers Gedichteschreiben zu schenken: »Schlafe, Wedina, schlaf ein, / aus 130 fällt noch ein Schein, / da sucht ein Dichter / als sein eigener Richter / nach einem Reim«. Handschriftlich fügte Krüger hinzu: »Mit herzlichen Grüßen, mehr war in der Kürze nicht möglich«.

Und nicht zuletzt Rolf Lappert, der – adressiert an seine altgediente Schweizer Schreibmaschine »Hermes Baby« – ein offenherziges Geständnis seiner Untreue ablegte: »Ich betrüge Dich gerade. Ihr Name ist Princess 300 und sie ist im Hotel Wedina im sündigen Hamburg zuhause. Ihre Haut schimmert cremefarben und mintgrün, ich musste mich einfach in sie vergucken.« Lapperts Liebe zur Gurlittstraßenprinzessin ging so weit, dass er sich – als er an seinem Roman *Nach Hause schwimmen* schrieb – mehrere Wochen lang im grünen Wedina-Haus einquartierte. Dem preisgekrönten Werk ist das offensichtlich bekommen. Sein Schweizer Landsmann Roger de Weck ging noch einen Schritt weiter: Als er von 1997 bis 2001 Chefredakteur der Wochenzeitung »Die Zeit« war, verzichtete er darauf, in Hamburg auf Wohnungssuche zu gehen. Er logierte als Dauergast im Wedina.

Mehrmals im Jahr verwandelt sich das Wedina selbst in eine Bühne und lädt am späten Sonntagnachmittag zur Reihe »Literaten im Hotel« ein. Alex Capus, Astrid Rosenfeld, Robert Seethaler, Tim Krohn, Monique Schwitter, Pedro Lenz, Svenja Leiber, Stefan Beuse, Roman Graf – die Liste der Auftretenden ist beachtlich, und meistens lässt es sich Felix Schlatter nicht nehmen, mit der für ihn typischen Verve persönlich zu begrüßen und als Dankeschön ein Schächtelchen Zürcher

Pralinen zu überreichen. Einmal, als der Schriftsteller Michael Kleeberg nicht rechtzeitig eintraf, um aus seinem Roman *Der König von Korsika* zu lesen, überbrückte der genuine Erzähler Schlatter die Wartezeit dadurch, dass er mit allen Details die Geschichte seines Fußmarsches in Hundebegleitung von St. Moritz nach Zürich erzählte. Mucksmäuschenstill lauschte das Publikum dem fesselnden Vortrag, und als Michael Kleeberg eintraf, setzte er sich dazu und ließ sich von seiner Vorgruppe faszinieren.

»Hotels sind Orte, an denen schreibende Menschen inspiriert werden«, sagt der lebenserfahrene Felix Schlatter. »Hier treffen Menschen aufeinander, hassen sich, lieben sich, betrügen sich. In einem Hotel passiert das ganze Spiel des Lebens.« In seinem Wedina, so scheint es, überwiegen die erfreulichen Begleiterscheinungen. Wohl auch deshalb wünschte sich Henning Mankell, dass es »für alle Lesereisen ein Wedina in den Städten« geben müsste.

Hotel Wedina, Gurlittstraße 23, 20099 Hamburg
www.hotelwedina.de

WIR ERBEN
UNSER KÖNIG
Alice Schwarzer Lebenslauf
DIAMANTEN EDDIE
GOETHE
PROZESSE
DER ENTFESSELTE SKANDAL
LIZA MARKLUND
MILENA MOSER
Helene Tursten
PAULO LINS
KAREN ROSE
HÅKAN NESSER
Die Statisten

LITERATUR

Andreas Augustin: The Sacher Treasury. Secrets of a Grand Old Hotel. London: The Most Famous Hotels of the World, ²1998

Andreas Augustin: Die berühmtesten Hotels der Welt: Frankfurter Hof. Frankfurt am Main. O.O.: o.V., 2013

Walter Baumann: Zu Gast im alten Zürich. Erinnerungen an Zunfthäuser und Grandhotels, an Bierhallen und Weinstuben, Cafés und Ausflugslokale. München: Hugendubel, ²1997

Nadine Beauthéac / François-Xavier Bouchart: Auf den Spuren von Marcel Proust. Normandie, Île de France, Genfer See. Hildesheim: Gerstenberg, 1999

Dieter Bednarz: Der Magier und der Mythos. In: SPIEGEL Special 6/2007

Silke Behl / Eva Gerberding: Literarische Grandhotels in der Schweiz. Zürich / Hamburg: Arche, 2008

Helmut Böttiger: Die Gruppe 47. Als die deutsche Literatur Geschichte schrieb. München: Deutsche Verlags-Anstalt, 2012

Christiane Breithaupt / Andrea Dietrich: Drehort: Weimar. Weimar: Bauhaus-Universität Weimar, 2007

Jürgen Carl: Der Concierge. Vom Glück, für andere da zu sein. Köln: Lübbe, 2010

Monika Czernin: Das letzte Fest des alten Europa. Anna Sacher und ihr Hotel. München: Knaus, 2014

Paul Daelewyn: La Côte d'Azur de Georges Simenon. Lieux de vie et sources d'inspiration. Nizza: Serre, 2005

Andrea Dietrich: Das Hotel Elephant in Weimar mit dem Gourmetrestaurant Anna Amalia und seinem Sternekoch Marcello Fabbri. Weimar: Hotel Elephant, 2013

Familie Dietrich und Kienberger (Hrsg.): Wie groß ist die Welt und wie still ist es hier. Geschichten ums Waldhaus in Sils Maria. Frankfurt am Main: Weissbooks, 2014

Sepp Ebelseder / Michael Seufert: Vier Jahreszeiten. Hinter den Kulissen eines Luxushotels [1999]. Hamburg: Die Hanse, 2002

Roland Flückiger-Seiler: Hotel Waldhaus Sils-Maria. Bern: Gesellschaft für Schweizerische Kunstgeschichte, 2005

Tobias Gohlis: Rückkehr zum »Zauberberg«. In: Die Zeit, 30.9.1994

Dietmar Grieser: Im Rosengarten. Eine literarische Spurensuche in Südtirol. St. Pölten / Wien: Niederösterreichisches Pressehaus, 1996

Sabine Grimkowski: Normandie. Ein Reisebegleiter. Frankfurt am Main: Insel, 2007

Kurt Grobecker: Haerlin/Toussaint – Vier Jahreszeiten Hamburg. Hamburg: Hotel Vier Jahreszeiten Restaurant Haerlin, 1987

Kurt Grobecker: 120 Jahre Brenner's Park-Hotel zu Baden-Baden. Baden-Baden: Brenner's Park-Hotel, 1992

Friedrich Haerlin: Mein Lebenslauf. Stuttgart: o.V., 1937

Ernst Hagen: Hotel Sacher. In deinen Betten schlief Österreich. München / Hamburg: Zsolnay, 1976

Unda Hörner: Hoch oben in der guten Luft. Die literarische Bohème in Davos. Berlin: Ebersbach, ²2010

Klaus W. Jonas: Einst »Capitale d'été de l'Europe«: Brenners Park-Hotel gestern und heute. In: Badische Heimat 61 (1981), S. 43–50

Renate Just: Wo ist der Zauberberg? In: Die Zeit, 28. 1. 1999

Luzius Keller: Marcel Proust Enzyklopädie. Handbuch zu Leben, Werk, Wirkung und Deutung. Hamburg: Hoffmann und Campe, 2009

Rolf und Urs Kienberger: Streiflichter aus der Waldhausgeschichte 1908–1983. Sils-Maria: Hotel Waldhaus, 1983

Erich Kofler: Ein Sommer in Dreikirchen. Bozen: Athesia, ²1996

Lis Künzli (Hrsg.): Hotels. Ein literarischer Führer. Berlin: Eichborn, 2007

Ken Lindenberg: Rund um den Zauberberg. Thomas Mann und Davos [1989]. Davos: o. V., ³2011

Herbert Lottman: Oscar Wilde à Paris. Paris: Fayard, 2007

Claudio Magris/Angelo Ara: Triest. Eine literarische Hauptstadt in Mitteleuropa [1983]. München: dtv, 1987

Leo Mazakarini: Das Hotel Sacher zu Wien. Wien: Orac [1976]

Jens Meyer-Odewald: Das Hotel Vier Jahreszeiten. Ein Stück Hamburg – Geschichte und Geschichten. Tinnum: Eiland, 2009

Dietmar Mueller-Elmau: Schloss Elmau. Eine deutsche Geschichte. München: Kösel, 2015

Rudolf Nährig: Gern hab ich Sie bedient. Aufzeichnungen des Oberkellners im Hotel Vier Jahreszeiten Hamburg. Hamburg: Osburg, 2013

Ralf Nestmeyer: Hotelwelten. Luxus, Liftboys, Literaten. Stuttgart: Reclam, 2015

Tomas Niederberghaus: Aus neu mach alt [über The Dolder Grand]. In: Die Zeit, 12. 6. 2008

Michael Pohl: Hotelgeschichte(n) weltweit. Meerbusch: Conbook, 2013

Josef Ringler: Dreikirchen und Priol. In: Tiroler Heimatblätter 32 (1957). H. 7/9, S. 70–84

Susanne Schaber: Großes Welttheater auf kleiner Bühne. Logenplätze in Friaul und Triest. Wien: Picus, 2008

Richard Schmitz: Für den Glanz in den Augen. Mein Leben unter fünf Sternen. Karlsruhe: Info, 2007

Emil Seeliger: Hotel Sacher. Weltgeschichte beim Souper [1931]. Berlin: Schaffer, 1939

Cordula Seger / Reinhard G. Wittmann (Hrsg.): Grand Hotel. Bühne der Literatur. Hamburg/München: Dölling und Galitz, 2007

Alexandra Settari: Johannas Erben. Dreikirchner Familiengeschichten. Bozen: Athesia, 2004

Klaus Thiele-Dohrmann: Venedig. Literarische Streifzüge. Düsseldorf: Artemis & Winkler, 2009

Torsten Unger: Thomas Mann in Weimar. Heidelberg: Morio, 2015

Für Konrad, den fleißigen Leser, der über Cornelia Funke und das Hotel Gabrielli Sandwirth nun gut Bescheid weiß.

Umschlagabbildung Hotel Gabrielli, Venedig
Frontispiz Vier Jahreszeiten, Hamburg, Wohnhalle

Deutsche Originalausgabe
Copyright © 2016 von dem Knesebeck GmbH & Co. Verlag KG, München
Ein Unternehmen der La Martinière Groupe

Gestaltung und Satz Groothuis. Gesellschaft der Ideen und Passionen mbH, Hamburg | www.groothuis.de

Herstellung VerlagsService Dietmar Schmitz GmbH, Heimstetten

Druck Druckerei Theiss GmbH
Printed in Austria

ISBN 978-3-86873-615-1

Alle Rechte vorbehalten, auch auszugsweise.

www.knesebeck-verlag.de